# 人類的盟友

◆

## 第一部

# 人類的盟友

◆

## 第一部

◆

一個關於當今世界的
外星人存在的緊迫訊息

Marshall Vian Summers

作者
*內識進階：內在認知之書*

人類的盟友第一部：一個關於當今世界的 外星人存在的緊迫訊息



編輯: Darlene Mitchell

圖書設計：Argent Associates, Boulder, CO

封面藝術：Reed Novar Summers

"對我來說，封面圖片代表地球上的我們和象徵當今世界外星存在的黑色球體，它背後的光，向我們揭示了我們否則無法看到的這個無形存在。照亮地球的星代表人類的盟友，給我們提供一個新訊息和關於地球與大社區關係的一個新視野。"

ISBN: 978-1-884238-45-1人類的盟友第一部：一個關於當今世界的外星人存在的緊迫訊息

NKL POD / eBook Version 4.6

國會圖書館控制編號：2001 130786

這是人類的盟友第一部的第二版。

英文原版出版信息如下

PUBLISHER'S CATALOGING-IN-PUBLICATION

Summers, Marshall.
The allies of humanity book one : an urgent message about the extraterrestrial presence in the world today / M.V. Summers
p. cm.
978-1-884238-45-1 (English print) 001.942
978-1-884238-98-7 (T Chinese print)
978-1-884238-46-8 (English ebook)
978-1-942293-14-9 (T Chinese ebook)
QB101-700606

新內識圖書館的書籍由大社區內識之路社團出版。社團是非營利組織，致力於呈現大社區內識之路。

接收關於社團的音頻錄音、教育項目和服務，請在互聯網上訪問社團或寫信致：

THE SOCIETY FOR THE GREATER COMMUNITY WAY OF KNOWLEDGE
P.O. Box 1724 • Boulder, CO 80306-1724 • (303) 938-8401

society@newmessage.org
www.alliesofhumanity.org/zh-t www.newmessage.org/zh-t

*獻給我們世界歷史上的*

*偉大自由運動 —*

*包括已知的和未知的。*

# 目錄

關於當今世界的外星人存在的四個基本問題:

什麼正在發生？

它為什麼發生？

它意味著什麼？

我們如何準備？

# 前言

發現一本改變一個人一生的書已經是很不同尋常了，然而更加非凡的是遇見一部有可能影響人類歷史的作品。

大約四十年前，在環境運動開始之前，一位充滿勇氣的女子寫下了一本改變了歷史進程的最驚世駭俗、最有爭議的書。雷切爾.卡遜的《寂靜的春天》引發了全世界對環境污染危險的覺知，並點燃了一直持續至今的積極回應。作為首批公開宣稱農藥和化學毒素的使用是對所有生命的威脅的人士，卡遜一開始時遭到了嘲諷和誹謗，很多甚至來自她的同僚，然而最終她被認定為二十世紀最重要的聲音之一。《寂靜的春天》依然被廣泛地奉為環保主義的基石。

今天，在普通大眾開始覺知正在我們中間進行的外星入侵之前，一位同樣充滿勇氣的男子——一位過去隱居的靈性導師——帶著一份來自我們星球外的不同凡響和令人不安的公報站了出來。通過*人類的盟友*，馬歇爾.維安.薩摩斯作為我們時代的首位精神領袖，毫不含糊地宣稱，外星“探訪者”未受邀請的到來以及他們的秘密活動，對人類自由構成了深遠的威脅。

正如卡遜一樣，儘管在一開始，薩摩斯肯定會面臨嘲諷和毀謗，但是他最終或被認定為在外星智能、人類靈性和意識進化領域的全世界最重要聲音之一。同樣，*人類的盟友*或被證明在保障我們族群的未來中起到關鍵的作用

——不僅喚醒我們去面對一個靜悄悄的外星入侵的深遠挑戰，而且點燃一場史無前例的抵制和賦權運動。

儘管對一些人來說，這一爆炸性的充滿爭議資料的來源好像有些問題，可是它所代表的視野以及它所傳遞的緊迫訊息，需要我們最深刻的思考和果斷的回應。在此，我們所有人都面對著這一看來非常合理的宣稱，即UFO的不斷出現以及其他相關現象，完全代表著一場來自外星勢力的隱秘且至今未遭抵制的干預，他們尋求完全為了他們自身利益開採地球資源。

我們該如何對這一令人不安和吃驚的聲明做出恰當的回應呢？我們會立刻忽視它或否定它，就像很多卡遜的批評者所做的那樣嗎？還是會進行探究並試圖準確理解這裡所提供的東西呢？

如果我們選擇探究和理解的話，我們會發現：對近幾十年針對UFO活動和其他明顯外星現象（例如：外星綁架和植入芯片，動物屠殺，甚至還有精神“附體”）的全球調查的總覽，為盟友的觀點提供了大量證據；事實上，盟友論述裡所包含的信息，震撼性地澄清了困擾研究者多年的問題，解釋了大量神秘而持久的證據。

一旦我們對這些情況進行了調查，並確認盟友的訊息不僅看似合理，而且還異常緊迫時，接下來是什麼？我們的思考將不可避免地導向一個必然結論，即我們今天面臨的困境，深刻地類似於十五世紀開始的歐洲“文明”對美洲的入侵，美洲原住民無法理解和充分回應那些到訪他們的勢力的複雜性和危險。“探訪者”以上帝的名義到來，展示著高超科技，並聲稱會帶來一種更先進、更文明的生活方式。（重要的是要理解，歐洲侵略者並非“邪惡的化身”，他們只不過是機會主義者，在身後留下了一個不經意破壞的傳奇。）

關鍵在於：美洲土著接下來經歷的對其基本自由的徹底而廣泛的侵犯——包括人口的迅速毀滅——不僅是人類的一個巨大悲

劇，而且是針對我們當前境況的一個強大實例。此刻，我們都是這個世界的原住民，除非我們能夠集體性地集結起一個更有創意且更統一的回應，否則我們會遭遇類似的命運。這正是人類的盟友促成的領悟。

然而，這還是一部能夠改變生命的書，因為它激起一個深刻的內在召喚，提醒我們活在人類歷史這一時刻的宗旨所在，並引領我們直面我們的天命。在此，我們面對著一個最令人不安的領悟：人類的未來將完全依賴於我們如何對這一訊息做出回應。

儘管*人類的盟友*具有深刻的警示性，但是它不會激起恐懼或絕望。相反，這一訊息在當前這個最危險和艱難的境況裡，提供著極大的希望。其明顯用意是維護和賦權人類自由，催化針對外星干預的個體和集體性回應。

與之相符的是，雷切爾.卡遜本人曾預見性地指出阻礙我們對這一當前危機做出回應的真正問題："我們依然還沒有成熟到，"她說，"把我們自己看做不過是一個廣袤和不可思議宇宙的一個非常微小的部分。"顯然，我們早就需要對我們自身、對我們在宇宙中的位置和對大社區（我們正在邁進的更廣大物質和精神宇宙）生命的一種新理解。幸運地是，*人類的盟友*是跨入一個宏大靈性教程和修習的大門，這一教程和修習承諾教導族群必備的成熟度，它的視野既非地球來源也非以人類為中心，而是根植於更古老、更深刻、更宇宙性的傳統。

最終，*人類的盟友*的訊息幾乎挑戰了我們對實相的所有基本觀念，同時為我們提供了實現進步的最偉大機遇和實現生存的最重大挑戰。雖然當下的危機威脅著我們作為一個族群的獨立主權，但它同時也為人類族群實現團結提供著一個必需的基礎——沒有這一更廣大背景，這幾乎不可能實現。通過*人類的盟友*裡提供的視野，和薩摩斯所代表的宏大教程，我們被賦與了緊迫性和啓發，從而能夠在服務人類繼續進化的更深刻理解中走到一起。

◆

在“時代雜誌”回顧二十世紀100個最有影響力聲音的報告裡，彼得.馬塞森這樣寫雷切爾.卡遜：“在環境運動開始之前，有一個勇敢的女子和她非常勇敢的書。”過些年後，我們或許會以類似的方式講述馬歇爾.維安.薩摩斯：在抵制外星干預的人類自由運動開始之前，有一個勇敢的男子和他非常勇敢的訊息，*人類的盟友*。此刻，願我們的回應更加迅速、更加堅決、更加統一。

—邁克爾.布朗尼
記者

# 致讀者

人*類的盟友*的呈現，是為了讓人們對一個全新的實相進行準備，這是在當今世界上被大大隱藏、不被認知的實相。它提供了一個新視野來賦權民眾，去面對我們作為一個族群曾將遇到的最大挑戰和機遇。盟友簡報包含許多即使不是警示性，至少也是關鍵性的陳述，關於日益增長的外星對人類族群的干預和整合，關於外星活動和隱秘計劃。盟友簡報的宗旨並非是提供關於外星探訪我們世界的實相的確鑿證據，有關這一主題已在其他許多優秀書籍和研究期刊上廣為記錄。盟友簡報的宗旨是強調這一現象的強烈和深遠意味，挑戰我們針對這個的人類傾向和假設，並警示人類家庭現在面臨的重大關口。簡報提供了宇宙智能生命實相的掠影，以及接觸到底將意味著什麼。對於許多讀者來說，*人類的盟友*披露的內容將是全新的。而對於另一些人，它將確認他們已經長久感受和知道的東西。

雖然本書提供了一個緊迫訊息，但它同時也是關於走向一個被稱為“內識”的更高意識，這包括人們中間和族群間的一種更偉大心靈感應技能。據此，盟友簡報由一個多族群的外星人小組傳遞給作者，他們稱自己為“人類的盟友”。他們將自己描述為來自其他世界的實體存有，集結在我們太陽系中接近地球的地點，目的是觀察在我們的世界上干涉人類事務的那些外星族群的通訊和活動。他們強調他們自己沒有在我們的世界上實體現身，他們在提供所需的智慧，而非科技或干涉。

盟友簡報在一年的時間裡被提供給作者。它們提供了深入一個複雜主題的視野和遠見，這一主題儘管數十年來證據不斷增加，可它持續困擾著研究者。然而，這一視野在對待這個主題的方式上並非浪漫、揣測或理想化。相反，它直白的現實主義和不妥協甚至達到了非常挑戰性的程度，即使對於相當熟悉這一主題的讀者來說也是如此。

因此，要想接收本書提供的內容，你需要至少暫時擱置你所抱持的許多信念、假設和問題——關於外星接觸，甚至是關於本書如何被接收。本書的內容，就像一個裝在瓶子裡從世界外傳送到這裡的訊息。因此，我們不應該太關注那個瓶子，而應該關心訊息本身。

要真正理解這一挑戰性的訊息，我們必須正視和質疑有關接觸的可能性和實相的許多流行假設和傾向。它們包括：

- 否認；
- 充滿期望；
- 曲解證據以確認我們的信念；
- 希望和期待來自“探訪者”的救贖；
- 相信外星科技將拯救我們；
- 感到無望並對我們認定的一個高超力量屈從；
- 要求政府披露而非外星人披露；
- 譴責人類領袖和機構，同時毫不質疑地接受“探訪者”；
- 假定因為他們沒有攻擊或入侵我們，所以他們在此必然是為了我們的福祉；
- 假定高等科技等同於高等倫理和靈性；
- 相信這一現象是一個神秘，而實際上它是一個可以理解的事件；
- 相信外星人以某種方式對人類、對這個星球擁有權利；
- 相信人類不可救贖，靠自己無法成功。

盟友簡報挑戰這類假設和傾向，粉碎了我們目前持有的有關誰在訪問我們和他們為何到此的許多謬誤。

人類的盟友簡報為我們提供了關於我們在一個宇宙智能生命更廣大場景裡的天命的一個更偉大視野和一個更深刻理解。為了實現它，盟友並非對我們的分析性思想講話，而是對內識講話，那是我們存有的更深刻部分，在此真理，無論怎樣被雲翳，都可以被直接辨識和體驗。

*人類的盟友第一部*將引發許多問題，這將需要進一步探索和深思。它的關注焦點不在於提供名字、日期和地點，而是提供我們作為人類否則無法擁有的關於世界上外星存在和關於宇宙生命的一個視野。我們仍然以隔離狀態生活在地球表面，還無法看到和認知我們疆域以外的智能生命正在發生什麼。為此，我們需要幫助，一種非常非凡的幫助。我們起初可能不會認識或接受這一幫助。可它就在這裡。

盟友聲明的目的，是警示我們邁進智能生命大社區的風險，協助我們以如此一種方式成功跨越這一偉大關口，從而使人類的自由、主權和獨立自主能夠得到維護。盟友在此建議我們，人類需要在這一史無前例的時期確立我們自己的“參與規則”。根據盟友的說法，如果我們明智、有準備且團結的話，我們將能夠作為一個成熟和自由的族群在大社區裡取得我們天命注定的位置。

◆

在這一系列簡報發送的過程中，盟友不斷重複他們認為對我們的理解至關重要的某些關鍵思想。為了保持他們溝通的意圖和完整，我們在書中保留了這些重述。由於盟友訊息的緊迫性質，由於世界上存在著將對抗這一訊息的勢力，這些重述體現著一種智慧和一種必要性。

繼2001年*人類的盟友第一部*出版後，盟友提供了第二組簡報，來充實他們致人類的重要訊息。*人類的盟友第二部*出版於2005年，它提供了令人吃驚的新信息，關於我們周邊宇宙族群間的互動，以及關於干預人類事務的那些族群的本質、目的和最隱蔽活動。感謝那些感受到盟友訊息的緊迫性並將簡報翻譯成其他語言的讀者們，針對干預實相正在呈現越來越廣闊的全球性覺知。

我們新內識圖書館認為，這兩組簡報包含了傳遞給當今世界的或許是最重要的訊息之一。人類的盟友並非只是揣測UFO/ET現象的又一本著作而已。它是真正變革性的訊息，它直接針對外星干預的潛在目的，以喚起我們所需要的覺知來面對前方的挑戰和機遇。

— 新內識圖書館

# 誰是
# 人類的盟友？

盟友服務人類，因為他們在整個大社區裡服務於內識的喚回和表達。他們代表很多世界裡的智者，在生命中支持一個更偉大宗旨。他們共同分享一種更偉大內識和智慧，它們能夠跨越太空遙遠的距離，跨越族群、文化、性情和環境的所有疆界進行傳遞。他們的智慧無所不及。他們的技能是偉大的。他們的存在是隱匿的。他們認知你們，因為他們意識到你們是一個新興族群，正在邁進大社區裡一個非常艱難和競爭的環境。

◆

*大社區靈性*

第十五章：誰服務人類？

*……二十多年前，一組來自幾個不同世界的個體，集結在我們太陽系接近地球的一個隱蔽地點，其目的在於觀察發生在我們世界上的外星干預。從他們隱蔽的觀測點上，他們能夠確定那些地球訪客的身份、組織和意圖並監視探訪者的活動。*

*這組觀察者稱自己為"人類的盟友"。*

*這是他們的報告。*

# 簡報

◆

簡報一

# 當今世界的外星人存在

我們非常榮幸能夠把這一信息呈現給所有有幸聽到它的人們。我們是人類的盟友。得益於隱形存在們，這一信息的傳遞才成為可能，他們是護佑著你們世界以及眾多世界組成的整個大社區裡智能生命發展的精神導師。

我們並非通過某種機械裝置，而是通過一個不受干擾的靈性管道進行溝通。儘管和你們一樣，我們也生活在物質世界裡，然而我們有幸以這種方式進行溝通，從而傳遞這一必須與你們分享的信息。

我們代表一個正在觀察你們世界動態的小組。我們來自大社區。我們不干涉人類事務。我們沒有在此設立基地。我們被派到這裡是為了一個非常特殊的宗旨——見證正發生在你們世界上的事件，並基於這一機會，向你們溝通我們所看到的和我們所知道的。因為你們生活在你們世界的表面，無法看到世界周圍發生的狀況。你們也無法清楚地看到此時此刻正在發生的對你們世界的探訪，以及這些探訪對你們的未來意味著什麼。

我們在此鄭重聲明，我們這樣做是受隱形存在們的委託，因為我們正是為了這一宗旨被派來。我們將要提供給你們的信息，可能非常有挑戰性、非常不可思議。對於很多聽到這一信息的人來說，這可能並非他們所期望的。我們理解這種困境，因為我們也曾在自己的文化裡必須面對這個。

當你聽到這一信息時，剛開始可能很難接受，但是，這一信息對所有尋求為世界做出貢獻的人來說非常重要。

我們已經對你們世界的動態觀察了很多年。我們並非尋求和人類建立關係。我們並非因為某個外交使命而來。我們受到隱形存在們的派遣，來到你們世界的臨近，目的是觀察我們即將講述的事件。

我們的名字並不重要。它們對你們來說毫無意義。並且為了我們的自身安全我們也不能透露，因為為了能夠提供服務，我們必須保持隱匿。

在開始講述之際，所有人必須理解，人類正向一個智能生命大社區邁進。你們的世界正在被一些外星族群和一些不同的族群組織“探訪”。這已經活躍了一段時間。在整個人類歷史上探訪屢有發生，但從未呈現過現在的規模。核武器的發展和你們世界自然環境的破壞將這些力量吸引到了你們的疆域。

我們理解，當今世界很多人開始意識到這正在發生。而且我們也理解，對這類探訪存在很多詮釋——這會意味著什麼，這會帶來什麼。許多覺知這些的人們對此充滿希望，期待這將給人類帶來巨大益處。我們理解。人們自然會這樣期待。自然會充滿希望。

你們世界上的這一探訪現在非常密集，以致世界各地的人們都在親眼目睹著，並直接體驗到它的影響。把這些來自大社區的“探訪者”、這些不同組織吸引來的，並非是要促進人類進步或人類的靈性教育。他們以如此規模如此積極地來到你們疆界的真正目的，是為了你們世界的資源。

我們理解，這一開始可能很難接受，因為你們尚未激賞你們世界多麼美麗，它擁有多少，以及它在眾多貧瘠世界和虛空地域構成的一個大社區裡是一個多麼罕見的瑰寶。類似你們這樣的世界的確罕見。大社區裡凡有居住的地方大多已經被殖民，這是通過科技實現的。可是像你們這樣的世界，生命不依賴任何科技協助而自然地進化，這遠比你們所意識到的更加罕見。當然外族早已注意到這些，因為你們世界的生物資源已被一些族群利用了數千年。這裡被某些族群當作了儲藏庫。然而人類文明和危險武器的發展，以及這些資源的破壞導致了外星干預。

可能你們在想，為何他們不通過外交途徑和人類領袖建立聯繫呢？這樣問很有道理，但問題在於沒有人能代表人類，因為你們的民眾是分裂的，你們的國家相互對抗。而且，我們所提到的這些探訪者認為你們是好戰的、激進的，就算你們擁有一些良好的品質，你們仍會對周邊宇宙帶來傷害和敵意。

因此，在我們的論述裡我們想向你們講述正在發生什麼，它對人類將意味著什麼，它是怎樣關係到你們的靈性發展、社會發展和你們在世界上以及在眾多世界組成的大社區裡的未來。

人們沒有覺知外星勢力的存在、資源探索者的存在以及那些為了他們自身利益尋求與人類結盟者的存在。可能我們需要先講一講你們疆界以外的生命樣貌，因為你們還無法遠途旅行，無法親身瞭解這些情況。

你們處於銀河系裡一個相對熱鬧的部分。在銀河系裡，並非所有區域都像這裡一樣居住著生命。存在大片未開發的區域。存在許多隱匿的族群。世界間的商業和貿易只在某些區域裡開展。你們將要邁進的環境是一個競爭非常激烈的地方。這裡普遍存在著對資源的需求，很多科技社會已經耗盡他們世界的自然資源，必須通過貿易、易貨和旅行來獲得他們所需的東西。這其中的情況非常複雜。有許多結盟，同時也存在著衝突。

或許在這個節點上，有必要意識到你們正在邁進的大社區，是一個艱難且充滿挑戰的環境，然而同時它也為人類帶來了重大機遇和可能。不過，要實現這些可能和益處，人類必須進行準備，並開始瞭解宇宙生命的樣貌。而且它必須開始理解，在一個智能生命大社區裡，靈性的涵義是什麼。

透過我們自身的歷史，我們理解這對任何世界來說，都意味著一個最重大關口。然而，這不是你們能夠自行規劃的事件。這不是你們能為你們自己的未來進行設計的事件。因為將大社區實相帶到這裡的各種力量已經在地球上現身。境況將他們引到這裡。他們已經在這裡了。

這或許讓你們瞭解一些你們疆界外生命的樣貌。我們並不想製造一個可怕的想法，但是為了你們自身的福祉和未來，你們有必要對這些情況有個坦誠的評估和清晰的認識。

我們認為，當前你們世界最大的需求，是為大社區生命進行準備。然而，據我們觀察，人們在日常生活中，只是專注於自己的事務和自身的問題，沒有覺知即將改變他們天命和影響他們未來的更巨大力量。

當前活動在地球上的力量和組織代表著幾個不同的聯盟。這些聯盟的活動並非彼此協同。每個聯盟代表了幾個不同的族群，他們聯合起來，目的是為了獲取你們世界的資源並維續這一獲取。本質上，這些聯盟相互競爭，但彼此不會發生戰爭。他們把你們的世界視為巨大的獎賞，他們想據為己有。

這對你們的民眾造成了非常大的挑戰，因為正在探訪你們的勢力不僅擁有先進的科技，而且具有強大的社會凝聚力，能夠在思維環境裡對思想施加影響。你們看，在大社區裡科技是容易獲取的，因此社會之間真正的競爭優勢在於影響思想的能力。他們的這種能力已經非常老練。它代表著一系列人類才剛剛開始發現的技能。

因此，探訪者們並沒有帶來巨型武器、軍隊或機群。他們以小組形式到來，但他們擁有影響民眾的強大技能。這代表大社區裡一種更高級更成熟的發揮力量的方式。假如人類想要成功應對其他族群的話，這種能力才是人類未來需要培養的。

探訪者來此是為了獲得人類的擁戴。他們並不想毀掉人類的成就或人類的存在。相反，他們希望這些為他們所利用。他們的目的是利用，而非破壞。他們自認為是正當的，因為他們相信他們在拯救世界。有些族群甚至認為他們在拯救人類於自我毀滅之危。但這一觀點既不符合你們的更偉大利益，也無法在人類家庭裡培育智慧或獨立自主。

然而因為眾多世界組成的大社區裡存在著正義的力量，所以你們是有盟友的。我們代表你們的盟友，人類盟友的聲音。我們在此不是為了利用你們的資源或拿走你們的財富。我們不尋求將人類變成附屬國或殖民地以為己用。相反，我們希望培育人類內在的實力和智慧，因為我們在整個大社區裡支持這一宗旨。

因此，我們的角色非常關鍵，我們的信息至關重要，因為這個時刻即使那些覺知探訪者存在的人們，也尚未覺知他們的意圖。人們不理解探訪者的行事方式。他們不理解探訪者的倫理或道德。人們認為探訪者要不是天使，就是惡魔。而事實上，他們在需求上和你們一樣。假如你們能通過他們的眼睛看世界，你們就能理解他們的意識和他們的動機。但要想做到這點，你們必須跳出自己的圈子。

為了獲得對你們世界的影響力，探訪者從事四類基本活動。每項活動各自獨特，同時又相互協同。這些活動得以開展是因為人類已經被研究了很長時間。他們花了相當的時間對人類的思想、行為、心理和宗教進行研究。他們對此有深入的理解，並將其用來實現他們的目的。

探訪者的第一類活動是影響那些擁有權力和權威的人。因為探訪者們不想毀掉世界的任何東西，或對世界資源造成危害，所以他們尋求對那些他們發現在政府或宗教體系裡居於領導地位的人產生影響力。他們尋求建立聯繫，但僅限於針對某些個人。他們有能力建立這種聯繫，他們也有能力進行說服。儘管不是全部，但的確有許多人將被說服。通過承諾更大的權力、更先進的技術和對世界的統治，他們將觸動和激發很多個體。探訪者們正是尋求和這些人建立關係。

儘管世界政府裡只有很少的人受到這樣的影響，但這個數目正在增加。探訪者理解權力的層次構造，因為他們自己也這樣生活，可以說，他們也遵從著他們自己的指令傳遞鏈。他們高度組織化並非常專注於他們的努力，所謂由自由思想個體組成之社會的概念對他們來說非常陌生。他們無法領會或理解個體自由。和大社區裡許多擁有先進科技的社會一樣，他們在自己的世界上以及在宇宙廣大區域裡設立的各個基地上運作著，採用高度完善和組織嚴密的管理和結構。他們認為人類是混亂而缺乏管理的，他們覺得他們是在為這種無法理解的境況帶來秩序。他們不知道個體自由，也看不到它的價值。由此導致，他們尋求在這個世界建立的秩序不會尊重這一自由。

因此，他們的第一類活動是和居於權力和影響力地位的個體建立聯繫，目的是獲得他們的效忠，並用這種關係所帶來的各種利益以及雙方共同的目標來說服他們。

第二類活動，可能從你們的角度是最難思及的，那就是操控宗教價值和衝動。探訪者們理解，人類最偉大的能力同樣代表著它最大的孱弱易感。人們對個體救贖的渴望代表著人類家庭能夠提供給甚至大社區的最偉大資產之一。但這也是你們的弱點。正是這種衝動和價值觀將受到利用。

一些探訪團體希望把自己確立為靈性媒介，因為他們知道如何在思維環境裡講話。他們能夠直接和人們溝通，不幸地是，因為世界上只有極少數人能分辨出靈性聲音和探訪者聲音的區別，這使情況變得非常艱難。

所以，第二類活動是利用人們的宗教和靈性動力來獲得人們的效忠。事實上這很容易，因為人類在思維環境裡還不夠強大和發達。人們難以辨識這些衝動來自哪裡。很多人希望把自己奉獻給任何他們認為擁有更巨大聲音和力量的東西。你們的探訪者能夠投射形象——你們的聖人、導師和天使的形象——為世人珍視和膜拜的形象。這些異族多個世紀來，都致力於彼此施加影響，並學習在大社區許多地區廣泛應用的各種說服方式，通過這些他們已經培養了這種能力。他們認為你們是未開化的，所以覺得可以在你們身上施行這種影響並使用這些方法。

在此他們試圖和那些被認為是敏感、接收性強、天生易合作的人建立聯繫。很多人會被選中，其中一小部分人就是因為這些特性被選中。你們的探訪者尋求這些人的效忠、信任和奉獻，他們告訴這些人他們來此是為了提升人類的靈性，帶給人類新的希望、新的祝福和新的力量——的確，他們承諾那些人們熱切期望但尚未找到的東西。也許你們會奇怪："這種事情怎麼可能發生呢？"但我們向你們確保，只要你們學會了這些技巧和能力，這其實不難。

他們所做的就是通過精神說服對人們進行安撫和再教育。這一"安撫計劃"針對不同的宗教團體，根據各自的理念和特質，會採用不同的形式。它總是針對那些接收性強的個體。他們期望這些人會失去分辨能力，並完全信任探訪者會帶給他們更偉大的力量。這種效忠一旦建立，人們就會變得更難分辨哪些是他們內心知道的，哪些是被告知的。這是一種非常微妙、非常邪惡的說服和操控方式。之後我們會對此更深入探討。

現在講述第三類活動，就是確立探訪者在世界的存在，並使人們習慣於他們的存在。他們想讓人類適應發生在你們中間的這一巨大變化——適應探訪者的物質存在以及他們對你們思維環境的影響。為了這一目的，他們將在這裡建立基地，當然這是秘密進行的。這些基地將是隱蔽的，但具有強大力量對附近的居民產生影響力。他們投入很多精力和時間以確保基地有效運作，並讓足夠多的人效忠於他們。正是這些人守衛和保護著探訪者的存在。

這就是現在正在你們世界發生的事件。它代表巨大的挑戰，不幸也代表巨大的風險。同樣的情況在大社區的許多地方已發生過多次。像你們這樣的新興族群一向是最弱勢的。有些新興族群能夠在一定程度上建立自己的覺知、能力和合作，從而可以抵制這種外來影響，並在大社區裡確立自己的存在和位置。然而很多族群，在尚未達到這種自由之前，已陷入外族力量的控制和影響力之下。

我們理解這一信息會造成巨大的恐懼，或者否認或困惑。可是在我們的觀察當中，我們意識到只有極少人覺知真實發生的狀況。即使那些開始覺知外星勢力存在的人，也未能站在一個能夠清楚看清狀況的位置和觀測點上。他們始終充滿希望和樂觀，試圖賦與這一重大現象盡可能正面的意義。

然而，大社區是一個競爭、艱辛的環境。那些從事太空旅行的人並不一定代表靈性的進步，因為那些靈性進步的族群尋求獨立於大社區之外。他們不尋求商業。他們不尋求影響外族，或為了雙邊貿易和利益建立一系列非常複雜的關係。相反，靈性進步者尋求保持隱匿。這可能是一種非常不同的理解，但你們有必要領會，從而能夠開始理解人類面臨的巨大困境。然而，這一困境也抱持著偉大可能性。現在讓我們講述這個。

儘管我們描述的情況非常嚴重，但我們認為這對人類來說並不是悲劇。事實是，如果這些情況能夠被認識和理解，如果那正存在於世的針對大社區的準備能夠得到利用、學習和運用的話，那麼全世界有良知的人們將有能力學習大社區內識和智慧。這樣，世界各地的民眾將能找到合作的基礎，從而人類家庭終能建立一個史無前例的團結。因為正是將需要大社區的陰翳才能團結人類。現在這一陰翳正在發生。

邁進智能生命大社區是你們的進化。無論你們準備與否，這都將發生。這必須發生。因此，準備是關鍵。理解和明晰——此刻是你們世界必要和必需的。

各地民眾擁有偉大的靈性天賦，這使他們能夠清楚地去看、去認知。現在需要的就是這些天賦。它們需要被認識、使用和自由地分享。這不僅僅是你們世界的偉大導師或聖人要做的事。它現在必須被更多人培養。因為境況帶來必要性，如果這種必要性能被接納的話，它將帶來偉大的機遇。

然而，瞭解大社區並開始體驗大社區靈性的任務是艱巨的。人們從未需要在這麼短的時間裡去學習這類東西。事實上，過去你們世界上極少人學過這些。但現在需求改變了。情況不同了。現在你們中間存在著新的影響力，你們能感知並且能認知的影響力。

探訪者們試圖阻止人們擁有這一眼光以及他們內在的內識，因為你們的探訪者本身不具備這個。他們看不到它的價值。他們不理解它的實相。在這方面，人類做為一個整體比他們更進步。然而這只是一種潛力，現在這種潛力必須被培養起來。

地球上的外星存在正在增加。每一天、每一年都在增加。更多的人陷入它的說服裡，失去他們的認知能力，變得困惑和散亂，相信那些只會削弱他們，並讓他們在面對那些為了利己目的利用他們的力量時，變得無能為力的東西。

人類是新興族群。它是孱弱的。它在面對一系列前所未見的境況和影響力。你們只進化到彼此之間進行競爭。你們從未和其他形式的智能生命競爭過。然而，如果你們能夠清楚地看清和理解境況的話，這一競爭將強化你們，並喚起你們最偉大的特性。

隱形存在們的任務就是促進這種力量。隱形存在們，你們可以恰當地把他們稱為天使，不只對人類心靈講話，他們對四面八方所有能夠聆聽並贏得自由去聆聽的心靈講話。

因此，我們帶來一個艱難的訊息，同時也是充滿前途和希望的訊息。也許這並非人們想聽到的。它當然不是探訪者所宣揚的。這是一個能夠在人與人之間分享的訊息，而且它將被分享，因為這樣做是自然的。然而，探訪者以及陷入他們說服的人們將會對抗這一覺知。他們不希望看到一個獨立的人類。這不是他們的目標。他們甚至認為這是無益的。因此，我們真誠地希望人們能不帶恐懼，而是帶著嚴肅的思想和理應具備的深切關注去思考這些訊息。

我們理解，當今世界許多人感受到一個巨變正降臨人類。這是隱形存在們告訴我們的。人們把這種改變感歸結於很多原因。很多結果被預測。然而除非你們能夠開始理解人類正邁進智能生命大社區這一事實，否則你們還無法擁有正確的背景來理解人類的天命或正發生在世界上的巨變。

按照我們的觀點，人們生逢其時就是為了服務於那個時代。這是大社區靈性的教義，我們自身也是它的學生。它教導自由和共享宗旨的力量。它給個體、給能夠和他人聯合的個體賦權——這些思想在大社區裡極少被接受或採納，因為大社區並非天堂。這是一個要面臨生存艱難以及隨之帶來的一切的物質實相。這個實相裡的所有個體都必須應對這些需求和問題。在此，你們的探訪者比你們想像的更類似你們。他們並非不可理解。他們會試圖讓你們覺得不可理解，但其實他們是可以被瞭解的。你們有力量做到這個，但你們必須帶著明晰的眼睛去看。你們必須帶著一個更偉大遠見去看，帶著一個更偉大智能去認知，這些都是你們有可能在自身培養起來的。

現在我們有必要進一步講述第二類影響力和說服活動，因為這非常重要，我們真誠希望你們能夠理解這類活動並認真進行思考。

世界上的宗教掌握著人類的奉獻和忠誠，這更勝於政府，更勝於其他任何機構。這是人類的優勢，因為類似這樣的宗教在大社區裡很難找到。而這在你們的世界裡到處可見，但你們的優勢同時也是你們的弱點和易感。很多人希望受到神明的指導和委任，獻出自己生命的韁繩，交由更偉大靈性力量來指引、輔導和維護他們。這是一種良好的願望，但是在大社區的環境裡，要想實現這一良好願望，大量的智慧必須得到培養。我們很痛心地看到人們如此輕意地交出他們的權威——人們自己尚未完全擁有這種權威，就自願地把它交給那些並不認識的人。

這一訊息注定會觸及那些具有更高靈性傾向的人。因此我們有必要針對這一專題詳細闡述。我們所宣揚的是在大社區裡教授的靈性，這種靈性不受國家、政府或政治聯盟控制，而是一種自然靈性——是去認知、去看見、去行動的能力。然而，這不被你們的探訪者強調。他們試圖讓人們相信探訪者是他們的家人，探訪者是他們的家園，探訪者是他們的兄弟姐妹和父母。很多人想相信，所以他們就相信了。人們想交出他們的個人權威，所以就交出了。人們想在探訪者中看到朋友或救世主，所以這就被顯現給他們了。

這將需要高度的冷靜和客觀才能看穿這些騙局和困境。如果人類想要成功邁進大社區，並在一個有著更巨大影響力和更強大勢力的環境裡保持它的自由和獨立自主的話，人們就必須做到這點。在這裡，你們的世界不需一槍一彈就能被佔領，因為暴力被認為是不開化和原始的，在此類事件中極少被採用。

或許你們會問：“這意味著我們的世界正在被侵略嗎？”我們不得不說，答案是：“是”，一場最難以察覺的侵略。如果你們能夠接受這些想法並認真思考它們的話，你們就能自己看清這些。到處都是侵略的證據。你們能夠看到人們的能力如何因為對幸福、和平和保障的渴望而被削弱，人們的遠見和認知能力甚至被他們自己文化內部的影響力所阻礙。在一個大社區環境裡，這些影響力要強大得多。

這是我們必須呈現的艱難訊息。這一訊息必須被講明，真相必須被告知，關鍵且急不可待的真相。人們現在多麼必須學習一個更偉大內識、一個更偉大智慧和一個更偉大靈性，從而能夠發現他們真正的能力並能有效使用它們。

你們的自由危在旦夕。你們世界的未來危在旦夕。正因如此，我們受到委派代表人類的盟友發言。宇宙裡存在著那些‘維護內識和智慧的存活並修習大社區靈性’者。他們不到處旅行，不對其他世界施加影響。他們不違背意願綁架人們。他們不偷竊你們的動物和植物。他們不對你們的政府施加影響。他們不尋求和人類交配從而在此創造一種新領袖。你們的盟友不干涉人類事務。他們不操控人類天命。他們從遠方注視著，並派像我們這樣的使者，冒著巨大危險，來提供輔導和鼓勵，並在必要時澄清事件。因此，我們帶著和平，帶著重要訊息而來。

現在我們必須講述探訪者尋求確立的第四類活動，就是通過雜交。他們無法在你們的環境裡生活。他們需要你們的物質能量。他們需要你們和世界的天然親和力。他們需要你們的繁殖力。他們還想和你們維繫在一起，因為他們理解這帶來效忠。這從某種意義上說，確立了他們在這裡的存在，因為這一計劃產生的後代將在世界上擁有血緣關係，然而又效忠於探訪者。這或許聽起來不可思議，但卻非常真實。

探訪者們在此並非剝奪你們的繁育能力。他們在此確立他們自己。他們想讓人類相信他們並服務於他們。他們想讓人類為他們工作。他們將承諾、提供並去做任何事情來達到這一目標。然而，儘管他們的說服是強大的，可他們的人數很少。但是他們的影響力正在加大，他們的雜交計劃已經進行了幾代，未來終將奏效。將會出現更高智能但卻不代表人類家庭的個體。這種事是可能的，而且在大社區裡發生過無數次。你們只需回顧你們自己歷史就能看到不同文化和種族的相互影響，以及這些互動能產生多麼大的威力和影響。

因此，我們帶來了重要的消息，嚴峻的消息。可是你們必須鼓起勇氣，因為這不是左右矛盾的時候。這不是尋求逃避的時候。這不是考慮個人幸福的時候。這是為世界做貢獻、強化人類家庭、喚起民眾內在那些天賦能力的時候——去看見、去認知並彼此協同行動的能力。這些能力能夠抵消當前施加於人類的影響力，但這些能力必須得到提高和分享。這是重中之重。

這就是我們的輔導。它伴隨著良好意願。應該慶幸你們在大社區裡擁有盟友，因為你們將需要盟友。

你們正邁進一個更廣大宇宙，這裡充滿你們尚未學會抵禦的勢力和影響。你們正邁進一個更廣大生命場景。你們必須對此進行準備。我們的話只是準備的一部分。一個準備現在正被發送到世界。它並非來自我們。它來自所有生命的創造者。它來得正是時候。因為這是人類需要實現強大和智慧的時代。你們有能力做到。並且你們生命的事件和境況要求你們必須做到。

# 人類自由面臨的挑戰

人類在集體性發展進程中正在走向一個非常危險和非常重要的時刻。你們正在邁入智能生命大社區的門檻。你們將遭遇其他族群，他們來到你們世界尋求保護他們的利益並發掘可能存在的機會。他們並非天使或天使般的存有。他們不是靈性個體。他們來到你們的世界是為了資源、結盟以及在新興世界撈取利益。他們不邪惡。他們也不神聖。在此，他們其實和你們非常相像。他們不過是被他們的需求、他們的組織、他們的信念和他們的集體性目標所驅使。

這是人類的一個重大時刻，可是人類沒有準備。從我們的觀測點上，我們能夠在一個更廣大規模裡看到這點。我們不涉入這個世界的個人日常生活。我們不試圖說服政府或對世界的某些地方或這裡存在的某些資源宣稱主權。相反，我們進行觀察，並希望報告我們所觀察的，因為這是我們來此的使命。

隱形存在們告訴我們，當今很多人感到一種莫名其妙的不安，一種模糊的緊迫感，感到某種事情將要發生，某種事情必須去做。也許在他們的日常體驗範疇裡，並沒有任何事件來證實這些更深刻感受，證明這些感受的重要

性，或提供可以表達這些感受的實例。我們能夠理解這個，因為我們在自己的歷史上也曾經歷類似狀況。我們代表由幾個族群結合成的小型同盟，在宇宙間支持內識和智慧的呈現，尤其針對那些處在邁進大社區關口的族群。這些新興族群對於外來影響和操控尤其孱弱易感。他們尤其容易曲解他們的境況，這可以理解，因為他們怎麼可能理解大社區裡生命的意義和複雜性？因此我們希望在準備和教育人類方面發揮我們小小的作用。

在第一部分裡，我們對探訪者所從事的四類活動進行了廣泛的描述。第一類是對居於政府或宗教組織領導地位的重要人物施加影響。第二類是影響那些具有靈性傾向，希望對宇宙更偉大力量敞開胸懷的人們。第三類參與是探訪者在世界的戰略性區域，在人口密集區附近，建立基地，從而能夠在思維環境裡發揮他們的影響力。最後，我們講述了他們與人類的雜交計劃，這項計劃已進行了相當長時間。

我們理解這一訊息非常棘手，對很多人來說或許非常失望，因為他們多麼希望和期盼外來探訪者能給人類帶來祝福和巨大益處。這種假設和期望或許很自然，但是人類正邁入的大社區是一個艱難和競爭的環境，尤其是在很多不同族群互相競爭並從事貿易和商務互動的宇宙區域裡。你們的世界正處在這樣的一個區域。這對你們來說可能不可思議，因為一直以來好似你們生活在隔離裡，孤單存在於茫茫虛空裡。而事實上，你們生活在宇宙一個居住區域裡，這裡從事著貿易和商務，各種傳統、互動和組織由來已久。你們的優勢是，你們生活在一個美麗世界上——一個充滿生物多樣性的世界，較之許多其他世界的嚴酷環境，這裡是一個壯麗的地方。

然而，這也給你們的境況帶來了巨大緊迫和切切實實的危險，因為你們擁有其他許多族群想自己擁有的東西。他們不尋求毀滅你們，而是獲得你們的忠誠和結盟，從而讓你們在世界上的存在和活動能為他們帶來好處。你們正邁進一系列成熟和複雜的境況。在這裡，你們不能像孩子一樣，相信和期望從遇見的所有人那裡得到祝福。你們必須實現智慧和辨識，正如我們在自己艱難的歷史上也必須實現智慧和辨識。現在人類將必須瞭解大社區之道，瞭解族群間互動的錯綜關係，瞭解貿易的複雜，並瞭解世界間確立的聯盟和同盟的微妙操控。這對人類來說，是一個困難但重要的時刻，如果真正準備得以開展的話，這也是一個有著偉大前途的時刻。

為此，在第二部分裡，我們將詳細講述各組探訪者對人類事務的干預，這對你們可能意味著什麼，以及這將要求什麼。我們在此不是為了製造恐慌，而是為了喚起一種責任感，帶來一個更偉大覺知，並鼓勵你們對正在邁進的生活進行準備，一種更偉大生活，同時也是帶來更巨大問題和挑戰的生活。

我們是通過隱形存在們的靈性力量和臨在被派遣到這裡的。你們可能會友好地把他們認作天使，可是在宇宙大社區裡，他們的角色更偉大，他們的參與和他們的聯盟是深刻和穿透性的。他們的靈性力量在這裡祝福著所有世界所有地方的有情存有們，並倡導更深刻內識和智慧的發展，這使得世界間和世界內部關係的和平建立成為可能。我們在此代表他們。他們要求我們來到這裡。他們為我們提供了大量信息，我們自己無法收集的信息。從他們那裡，我們瞭解了你們的許多特質。我們瞭解了很多關於你們的能力、你們的優勢、你們的弱勢以及你們的極度易感。我們能理解這些，因為我們的世界也曾經歷向大社區邁進的這一重大關口。我們學到了很多，也在我們犯過的錯誤中遭受了很多苦難，我們希望人類將避免這些錯誤。

因此我們不僅帶來了自己的體驗，同時也帶著隱形存在們賦與我們的更深刻覺知和更深刻宗旨感。我們從附近的一個位置觀察你們的世界，監視到訪者們進行的溝通。我們知道他們是誰。我們知道他們從哪裡來，以及他們為何來此。我們不是為了和他們競爭，因為我們來此不是為了剝削世界。我們視自己為人類的盟友，我們希望假以時日你們也將認同這點，因為我們的確就是。儘管我們無法證明這點，但我們希望通過我們的話語以及我們的輔導所蘊含的智慧來示範這點。我們希望讓你們為前方的道路進行準備。我們肩負使命，帶著緊迫感來到這裡，因為人類對大社區的準備遠遠滯後。幾十年前的許多與人們建立接觸並讓人們為未來進行準備的早期嘗試，被證明是不成功的。只有少數人能夠被觸及，而且據我們被告知的，這些接觸大多被誤解，並被他人因為各種目的所利用了。

因此，我們被派來接替那些之前的努力，來為人類提供幫助。我們為了共同的目的一起工作。我們代表的不是一個強大的軍事力量，而是一個秘密和神聖的聯盟。我們不想看到發生在大社區裡的這類事件在你們世界同樣發生。我們不想看到人類成為一個更強大權力網絡的附屬國。我們不想看到人類喪失自由和獨立自主。這些是真正的危險。因此，我們鼓勵你們深入思考我們的話，盡可能不帶恐懼，而是帶著我們知道深藏於所有人內心的那種確信和決心。

今天、明天以及未來的歲月裡，那些為了利己目的探訪世界者們正在並且將展開大規模的活動，以建立施加給人類族群的一個影響力網絡。他們認為他們到此是從人類的手裡拯救世界。有些甚至認為他們到此是來拯救人類自身。他們認為自己是正義的一方，並不認為自己的行動不合理或不道德。按照他們的倫理，他們所做的是合理和重要的。然而，對於所有熱愛自由的個體來說，這種方式不可能正當。

我們觀察探訪者的活動，這些活動正在增加。年復一年，更多的探訪者來到這裡。他們來自遠方。他們帶來配給。他們在深化他們的接觸和活動。他們在你們太陽系的許多地方建立了聯絡站。他們在觀察你們所有的太空探索，並且他們將抵禦和毀壞他們認為會干擾他們活動的任何東西。他們不僅尋求對你們的世界，而且尋求對你們世界周圍的區域形成控制。因為這裡存在著競爭力量。每個力量都代表著幾個族群的聯盟。

現在讓我們著重講述我們在第一部分提到的四類活動的最後一類。這就是探訪者與人類種群的雜交。讓我們先給你們講述一些歷史。按照你們的時間，數千年前，幾個族群來到地球和人類雜交，從而賦與人類更偉大的智能和適應力。這導致了比較突然的據我們理解被稱為“現代人類”的出現。這賦與了你們在你們世界上的統治地位和力量。這發生在很久以前。

然而，現在進行的雜交計劃完全不同。它由另外的族群和聯盟開展。通過雜交，他們尋求創造一種既屬於他們組織又能在你們世界生存並和世界有著天然親和力的個體。你們的探訪者無法在你們世界的表面生活。他們必須要不是藏身於地下，正如他們現在所做的，就是住在他們自己的太空飛船裡，這些飛船往往隱藏在大面積的水域裡。他們想和人類雜交以保護他們在這裡的利益，這主要是你們世界的資源。他們想落實人類的擁護，所以他們持續數代在從事雜交計劃，而這在過去的二十年間更加緊密地開展著。

他們的目的有兩方面。首先，正如我們所說，探訪者想創造一種類似人類的個體，能生活在你們世界裡，然而又和他們維繫在一起，並將具備一系列更強大的敏感度和能力。這個計劃的第二個目的是影響他們遇到的所有人，並鼓勵人們協助他們的活動。探訪者想要並需要人類的協助。這會推進他們所有方面的計劃。他們認為你們有價值。然而，他們不把你們視為他們的同類或與他們對等。有利用價值，這是你們被感知的方式。所以，對所有他們將遇到的人，對所有他們將擄走的人，探訪者將尋求營造這種優越感、價值感，以及他們在世界上的行動的意義和重要性。

探訪者將告訴所有他們接觸的人，他們是善意到訪，他們將向他們捉捕的那些人保證，他們不需要恐懼。對於那些看來接收性強的人，他們將試圖建立聯盟——一種共享的宗旨感，甚至一種共享的身份和歸屬感， 血緣和天命感。

在他們的計劃裡，探訪者廣泛研究了人類生理和心理。他們將利用人們想要的，尤其那些人們想要卻尚未得到的東西，如和平和秩序，美麗和安寧。這些將被提供，一些人將會相信。其他的人將僅僅只是根據需要被利用。

在此有必要理解，探訪者們相信，為了保護這個世界，他們的所作所為是完全合理的。他們認為他們在為人類提供偉大的服務，所以他們全心投入他們的說服。不幸地是，這示範了關於大社區的一個偉大真理——真正的智慧和真正的內識在宇宙裡是罕見的，就和你們世界裡一樣。你們自然會希望和期盼其他族群已經擺脫了欺詐、自私追求、競爭和衝突。但是，唉，事實並非如此。更強大科技並不能提升個體的思想和靈性力量。

現在，有許多人被違背其自由意志地反覆綁架。由於人類非常迷信，尋求否認它無法理解的事情，因此這種低劣行徑得以相當成功地開展。就在現在，就有雜交的個體，半人半異類，行走在你們世界上。數目雖少，但未來數量會增加。也許某天你會遇見一個。他們看似和你們一樣，但有些另類。你會覺得他們是人類，但他們身上似乎缺少了某種根本性的東西，某種在你們的世界上被珍視的東西。你們有可能分辨和識別出這些個體，但要做到這點，你們必須擁有思維環境的技能，並學習在大社區裡內識和智慧的涵義。

我們認為這種學習極其重要，因為從我們的觀測點上，我們看到你們世界正在發生的一切，隱形存在們輔導我們那些我們看不到或接觸不到的事情。我們理解這些事件，因為這在大社區裡發生了無數次，影響和說服被施加在要不是太軟弱、就是太易感，以致無法有效回應的族群身上。

我們希望，同時也相信，聽到這一訊息後，你們沒人會認為這種對人類生活的侵擾是有益的。那些被迷惑的人將會受到影響而認為這類接觸對他們自身、對世界是有好處的。人們的靈性渴望，他們對和平和和諧、歸屬和包融的期望將被探訪者們利用。這些如此特別代表人類家庭的東西，在不具備智慧和準備的情況下，是你們巨大易感的徵象。只有那些具備強大內識和智慧的個體能夠看清這些說服背後的欺騙。只有他們能夠看清施加在人類家庭身上的欺騙。只有他們能夠保護自己的思想不受'施加在當今世界很多地方的思維環境裡的影響力'的左右。只有他們將看到和認知。

我們所說的遠遠不夠。人們必須學習去看見和認知。我們只能鼓勵這個。我們來到你們世界的時機正是配合著大社區靈性教材的呈現，因為這一準備現在就在這裡，正因為如此，我們可以成為鼓勵的源泉。假如這一準備不在這裡的話，我們知道我們的警告和我們的鼓勵將不足夠，將不會成功。造物主和隱形存在們希望讓人類對大社區進行準備。事實上，這是人類此時此刻最大的需要。

因此，我們鼓勵你們不要相信這些對人們、對兒童、對家人的綁架會給人類帶來任何益處。我們必須強調這點。你們的自由是珍貴的。你們的個體自由和你們作為一個族群的自由是珍貴的。我們用了很長時間才重獲我們的自由。我們不想看到你們失去你們的自由。

正在世界發生的雜交計劃將會繼續。停止它的唯一辦法是，人們能夠獲得這種更偉大覺知和內在權威感。唯此才能終止這些侵犯。唯此才能揭開它們背後的欺騙。我們難以想像，那些被虐待、被再教育和被安撫的人們，那些男人、女人和孩子，正在面臨著多麼可怕的遭遇。就我們的價值觀來看，這種行為是令人髮指的。但我們也知道這種事情的確在大社區裡發生著，而且自史以來一直在發生著。

或許我們的話將帶來越來越多的疑問。這是有益和自然的，但我們無法回答你們所有的問題。你們必須自己去尋找獲得答案的方式。但若沒有一個準備過程，你們無法做到這點，若沒有一個導向，你們無法做到這點。我們理解，此時此刻，人類作為一個整體，無法區分大社區顯現和靈性顯化。這確實是個艱難的狀況，因為你們的探訪者能夠投射形象，他們能夠通過思維環境對人們講話，他們的聲音能夠被接收並通過人們進行表達。他們能夠施加這種影響，因為人類尚未具備這類技能和辨識。

人類不團結。它四分五裂。它內部相互競爭。這使得你們在面對外來干涉和操控時極其孱弱易感。探訪者們所理解的是，你們的靈性渴望和傾向使你們尤其孱弱易感，尤其成為被他們利用的好對象。針對這些，要想獲得真正的客觀性是多麼困難。即使在我們來自的地方，這也是巨大挑戰。但對於希望在大社區裡保持自由並發揮獨立自主的那些族群來說，他們必須發展這些技能，他們必須保護他們自己的資源，以免不得不從外部尋求資源。如果你們的世界喪失了自給自足，它將失去大部分的自由。如果你們必須到你們世界之外尋求必要的生活資源，那麼你們將把大部分的權力拱手讓給外族。由於你們世界的資源正在迅速減少，對於我們這些遠方的觀察者來說，這是一個嚴正的關注。它同樣也是你們的探訪者的關注，因為他們想阻止你們破壞環境，不是為了你們，而是為了他們。

雜交計劃只有一個目的，就是使探訪者能夠在世界上確立一種存在和一種決策影響力。不要以為探訪者們除了你們的資源以外，還需要你們的任何東西。不要以為他們需要你們的人性。他們只希望你們的人性能確保他們在世界上的地位。別沾沾自喜。

別沈迷於這樣的想法。它們沒有根據。如果你們能夠學會清晰地看到真實發生的情況的話，你們將能自己看到和認知這些。你們將理解我們為何在此，以及人類在智能生命大社區裡為何需要盟友。你們將看到學習更偉大內識和智慧，以及學習大社區靈性的重要性。

因為你們正邁進一個環境，在這裡上述要素對於獲得成功、自由、幸福和力量至關重要，所以你們將需要更偉大內識和智慧，從而能夠在大社區裡把自己確立為一個獨立的族群。然而，你們的獨立正在一天天喪失。你們或許沒有看到你們自由的喪失，儘管可能已有所感知。你們怎麼可能看到呢？你們無法置身於你們世界之外去見證周遭正發生的事件。你們無法接觸到外星勢力在當今世界所從事的政治和商務活動，進而理解他們的複雜、他們的倫理或他們的價值觀。

永遠不要相信，宇宙中從事商務旅行的任何族群是靈性進步的。那些尋求商務的人，尋求的是利益。那些在世界間旅行的人，那些資源探索者，那些想遍插自己旗幟的人，並非你們所認為的靈性進步者。我們不把他們看做是靈性進步的。存在著世俗的力量，也存在著靈性的力量。你們能夠理解這之間的區別，現在有必要在一個更廣大的環境裡看清這一區別。

因此，我們帶著承諾感和強烈鼓勵而來，鼓勵你們維護你們的自由，變得強大和辨識，不屈服於來自你們不認識的人的說服或對和平、權力和包融的承諾。不要自我安慰地認為，對人類甚或對你個人來說，一切都會向好的方向發展，因為這不是智慧。因為任何地方的智者必須學習看到周遭生命的實相，並學習以有益的方式穿越這一生命。

因此，接受我們的鼓舞吧。我們會針對這些情況進一步講述，並闡明獲得辨識和審慎的重要性。我們還會進一步講述探訪者們在世界上從事的一些活動領域，理解這些對你們來說至關重要。我們希望你們能接收我們的話語。

# 一個重大警示

我們迫切地希望告訴你們更多關於你們世界發生的情況，並且如果可能的話，幫助你們看到從我們的觀測位置所看到的東西。我們意識到這難以接受，並將造成巨大的焦慮和關注，但是你們必須被告喻。

從我們的觀點看，情況非常嚴重，我們認為如果人們不能被如實告知的話，那將是巨大的不幸。你們生活的世界裡有太多的欺騙，其他許多世界也同樣如此，以致真相儘管顯在和明顯，還是不被認知，它的徵象和訊息不被注意。因此，我們希望我們的存在能幫助澄清畫面，幫助你和他人看清真實發生的情況。在我們的感知裡沒有這些妥協，因為我們就是被派來見證我們現在所描述的事件的。

久而久之，或許你們自己也能認知這些情況，可是你們已經沒有時間了。現在時間短暫。人類對大社區力量現身所進行的準備遠遠落後於計劃。很多重要人物沒有回應。針對世界的侵犯正在加速，比原來預期的步伐要快得多。

時間所剩無己，然而我們帶著鼓勵而來，鼓勵你們分享這一信息。正如我們在前面的訊息裡提到的，世界正在被滲透，思維環境正在受到改造和預備。其目的不是毀滅

人們，而是要利用他們，讓他們成為一個更巨大“集團”的勞工。世界機構，尤其是自然環境受到珍視，探訪者們希望保存它們為自己所用。他們不能生活在這裡，因此為了獲得你們的擁戴，他們在使用我們所描述的很多手段。我們會繼續在我們的闡述裡澄清這些事情。

我們的到來受到幾方面因素的阻撓，其中之一就是我們必須直接觸及的那些人的缺乏準備。我們的發言人，本書的作者，是唯一一個我們得以建立穩固聯繫的人，因此我們必須將這些重要信息傳遞給我們的發言人。

據我們瞭解，按照你們探訪者的觀點，美國被認為是世界領袖，因此重心會放在這裡。但是其他主要國家也將被接觸，因為它們也被認知掌握著權力，權力被探訪者們理解，因為他們毫不質疑地遵循著權力指令，其服從程度遠勝於你們世界。

他們將試圖說服最強大國家的領袖們開始接受探訪者的存在，並通過承諾雙方共同利益，有時甚至對某些人承諾對世界的主導權，來勸說他們接受禮贈和合作。處於世界權力架構中的一些人將會對此勸誘給與回應，因為他們認為這是一個偉大的機會，能夠帶領人類擺脫核戰爭的陰影，在地球上建成一個新社區，一個由他們領導並服務於他們個人目標的社區。然而，這些領袖們被騙了，因為他們不會被授與這個王國的鑰匙。他們將只是權力過渡時期的管理者。

你們必須理解這些。這並不很複雜。從我們的視野和觀測位置來看，這顯而易見。我們在其他地方看到過這個。這是那些擁有自己集團的成熟族群組織招募像你們這樣的新興世界的辦法之一。他們堅定相信他們的計劃是正義的，是為了使你們世界變得更美好，因為人類不被高度尊重，從他們的觀點來看，你們儘管存在某些優點，但你們的缺點遠超過你們的潛力。我們不贊成這種觀點，不然的話，我們也不會採取這種姿態，不會作為人類的盟友來為你們提供服務了。

因此，人類在辨識方面存在著巨大困難，巨大挑戰。人類面臨的挑戰是理解誰是真正的盟友，並能夠把他們和潛在的對手區分開。這裡不存在中立方。這個世界太珍貴了，它的資源被認為是獨特的並擁有巨大的價值。在涉入人類事務的族群裡不存在中立組織。外星干涉的真正本質是發揮影響和掌控，並最終在這裡確立統治地位。

我們不是探訪者。我們是觀察者。我們不對你們的世界宣稱主權，我們不計劃在此確立我們自己。因此，我們的名字保持隱匿，因為除了以這種方式向你們提供輔導外，我們不尋求和你們建立關係。我們無法控制結局。我們只能就你們民眾面臨這些重大事件時必須做出的選擇和決定提供建議。

人類有著遠大前程，並且孕育了豐富的靈性傳承，但是對於正在邁進的大社區卻一無所知。人類是分裂的、內訌的，因此很容易被外來力量所操控和侵犯。你們的民眾只專注於今天的事務，卻未能認知明天的實相。如果無視世界的更偉大運動，並假想當前發生的干預對你們有利的話，你們怎麼可能獲得任何益處呢？如果你們能看清事情真相的話，相信你們中間沒有一個會這樣認為。

某種意義上說，這是視野問題。我們能看到而你們看不到，因為你們沒有觀測點。你們必須走出你們的世界，走出你們世界的影響力範圍，才能看到我們所看到的。不過，為了看到我們所看到的，我們必須保持隱匿，因為一旦被發現，我們肯定會被消滅。因為你們的探訪者們認為他們在這裡的使命至關重要，他們認為地球在幾個目標星球裡是最具希望的。他們決不會因為我們而停止。因此，這關乎你們自己的自由，你們必須去珍惜，你們必須去捍衛。我們無法代替你們去做。

任何世界，如果想在大社區裡建立自己的統一、自由和獨立自主，必須首先確立這一自由，並在必要時捍衛它。否則，必然陷入被統治的結局，而且是徹底被統治。

為何探訪者想得到你們的世界？這顯而易見。他們並非對你們特別感興趣。而是你們世界的生物資源。是這個太陽系所處的戰略地位。只因這些被珍視並能夠被利用，你們對他們才是有用的。他們將提供你們想要的，他們將講你們想聽的。他們將提供誘惑，他們將利用你們的宗教和你們的宗教理想來使你們更有信心並更相信，他們比你們更理解你們世界的需求，並能通過服務於這些需求給這裡帶來更大的安寧。因為人類似乎沒有能力實現團結和秩序，於是許多人將向他們認為更有可能做到這點的外族敞開思想和心扉。

在第二部分，我們簡單講述了雜交計劃。一些人曾聽說過這一現象，我們理解人們就此有過一些探討。隱形存在們告訴我們，針對這個計劃的存在，有著不斷增長的覺知，但不可思議的是人們竟看不出其明顯用意，因為人們在這個問題上太沈溺於自己的偏好，對於應對這一干預所代表的含義太缺乏準備。顯然，雜交計劃是試圖將人類對這個物質世界的適應性與探訪者的集體思想和集團意識相結合。這樣產生的後代最適合成為人類的新領袖，一個誕生於探訪者的意志和活動的領袖。這些個體在世界上擁有血緣關係，因此其他人會和他們關聯，並接受他們的存在。然而他們的思想沒有和你們在一起，他們的心也沒有和你們在一起。儘管他們可能同情你們的狀況以及你們未來可能的境況，但他們既沒有個人權威，也沒有接受過內識和洞見之路的培訓，因而無法協助你們或抵制養育他們並賦與他們生命的集團意識。

你看，個人自由不被探訪者所重視。他們認為那是魯莽的，不負責任的。他們只理解他們自己的集團意識，認為這是榮耀和神聖的。然而他們無法觸及真正的靈性，這在宇宙中被稱為內識，因為內識誕生於個體的自我發現，並透過高品質的關係而產生。而在探訪者的社會構架裡，兩樣皆不存在。他們無法獨立思考。他們的意志不屬於他們自己。因此他們自然不會尊重你們世界發展這兩個偉大現象的前景，更不會致力於培養這些。他們只尋求服從和效忠。他們將在世界上倡導的靈性教育只是為了讓人們順從、敞開心扉以及打消疑慮，從而可以獲取他們從未贏得的信任。

我們已在其他世界看到過類似情況。我們看到過整個世界陷入這類集團的控制之下。宇宙中存在著許多這樣的集團。因為這些集團從事星際貿易並涉足廣大區域，所以他們不帶偏差地堅持嚴格服從。他們中不存在個體性，至少不存在你們能認知的個體性。

我們不敢肯定是否能在你們的世界裡找出相似的例子，但我們被告知你們世界存在著跨文化商務集團，擁有巨大的權力，但只由少數人執掌。這可能是我們所描述狀態的一個比較接近的類比。然而，我們所說的遠比你們世界所見的更強大、更邪惡、更成熟。

確實，對於所有的智能生命來說，恐懼是一種破壞性力量。但如果能被正確感知的話，其實恐懼只是服務於一個目的，就是通知你危險的存在。我們關注，這是我們恐懼的本質。我們理解什麼處於危險之中。這是我們關注的本質。你們的恐懼是因為你們不知道正在發生什麼，因而這是一種破壞性的恐懼。這一恐懼無法給你們賦權或是為你們提供你們所需的感知，以理解你們世界裡正在發生什麼。

如果你們能被告喻，那麼恐懼轉化成關注，關注轉化成建設性的行動。我們不知道還有什麼其他方式可以進行描述。

雜交計劃非常成功。你們中間已經行走著一些誕生於探訪者意識和集團努力的個體。他們無法長久居住這裡，但再過幾年時間，他們就能永久地生活在你們世界的表面。通過基因工程的完善，這些人看起來和你們只有輕微的差別，主要在於他們的舉止和儀態，而非在於他們的外貌，因此他們很難被發覺或認出。然而，他們將擁有更強大的思想技能。這使他們有著你們無法比擬的優勢，除非你們受到了洞見之路的訓練。

這就是人類正在邁進的更廣大實相——一個充滿神奇和恐怖的宇宙，一個影響力的宇宙，一個競爭的宇宙，然而也是一個充滿恩典的宇宙，它很像你們自己的世界，只是無限廣大得多。你們尋找的天堂不在這裡。然而，你們必須應對的勢力在這裡。這是你們族群所面對的最重大關口。我們小組裡的每個成員都曾在我們各自的世界裡經歷過這個，這裡存在大量的失敗，只有少數成功了。那些能夠維護自己自由和獨立的族群，必須實現強大和統一，並可能要在很大程度上避免與大社區互動以維護這一自由。

如果你們思考這些，可能你們將看到你們自己世界的前景。隱形存在們告訴我們許多關於你們的靈性發展及其偉大前途，但他們也同時輔導我們，現在你們的靈性傾向和理想正在受到強烈的操控。整套的教育體系被引入世界，教導人們默從，放棄重要能力，只重視享樂和舒適。這類教育使人們喪失了接觸自己內在內識的能力，直至某天人們感覺他們完全依賴於他們無法識別的更強大勢力。到那個時候，他們將順從地去做給他們做的任何事，即使感到有些不對，他們也已經失去了反抗的力量。

人類已經在隔離裡生活了很長時間。或許人們認為這種干預不可能發生，每個人都對自己的意識和思想擁有主導權。但這僅僅是假設。不過，我們也被告知，你們世界的智者已經學會超越這些假設，並獲得了力量建立他們自己的思維環境。

我們恐怕我們的話已為時太晚，產生的影響力太小，我們選擇的信息接收人太缺少幫助和支持，而無法使這一信息傳播出去。他將面對懷疑和嘲諷，因為沒人相信他，他所要說的與很多人假想為真的情況相矛盾。那些已陷入外星說服的人，他們尤其將反對他，因為在這方面他們別無選擇。

針對這種嚴峻現狀，所有生命的創造者發來了一個準備，一個關於靈性能力和辨識、力量和成就的教程。如同遍布宇宙的許多存有一樣，我們也是這一教程的學生。這一教程是一種神聖干預形式。它不屬於任何世界。它不是任何族群的財產。它不以任何英雄或女傑、任何個人為中心。這一準備就在這裡。它將被需要。從我們的觀點看，這是當前唯一能給人類一個機會在面對你們在大社區裡的新生活時實現智慧和辨識的東西。

正如你們世界歷史上曾經發生過的，首批到達新地域的是探索者和征服者。他們不是為了利他原因而來。他們來尋求權力、資源和統治。這是生命的本質。如果人類諳熟大社區事務的話，你們就會抵制任何對你們世界的探訪，除非事先訂立了雙邊協議。你們就會有足夠的認知，不允許你們的世界如此孱弱易感。

當前，有不只一個集團在這裡為各自利益相互競爭。這將人類置於一系列很特別同時又有啓發性的境況之下。正因為如此，探訪者的信息經常前後不一致。他們之間存在著衝突，但如果發現共同利益，他們就會彼此協商。然而，他們依然是競爭關係。對他們來說，這裡是新疆域。對他們來說，你們只是被看作可利用。當你們被認為不再有利用價值時，你們將被簡單拋棄。

在此，對你們世界民眾，尤其居權力和責任地位的那些人來說，認出靈性臨在和大社區探訪者的區別是一個巨大挑戰。然而你們怎麼可能具備做出這一分辨的體系呢？你們從哪兒能夠學習這些呢？你們世界裡誰能傳授大社區實相呢？唯有一個來自世界以外的教程能夠讓你們對世界以外的生命進行準備，現在世界外的生命就在你們世界上，尋求確立他們自己，尋求拓展它的影響，尋求贏得各地人們的思想、心靈和靈魂。這如此簡單。然而又是如此毀滅性。

因此，我們這些訊息的任務是帶來一個重大警示，但只有警示是不夠的。必須在你們的民眾中存在一種認識。至少有足夠的人必須理解你們正面臨的實相。這是人類歷史上最重大的事件——對人類自由的最重大威脅，和人類實現團結合作的最偉大機遇。我們認知這些偉大益處和可能，但隨著一天天過去，希望變得越來越渺茫——因為越來越多的人陷進去，他們的覺知被重新調制和構建，因為越來越多的人在學習探訪者所倡導的靈性教育，越來越多的人變得更加默從且更難辨識。

我們接受隱形存在們的委派以觀察者的身份來此服務。如果成功了，我們將留在你們世界附近一段時間以繼續為你們提供信息。之後，我們將返回自己的家園。如果失敗了，如果浪潮轉向反人類的一邊，如果巨大黑暗、霸權統治的黑暗籠罩了世界，那我們將必須離開，帶著我們未完成的使命。無論何種結果，我們都不會留在這裡，當然如果你們顯現了希望的話，我們會留下來直到你們安全為止，直到你們可以自我支持為止。這要求你們自給自足。如果你們開始依賴外族貿易，這會造成被外來者操控的巨大風險，因為人類尚未強大到足以抵禦對思維環境能夠進行並正在進行影響的力量。

探訪者們將會努力製造他們是“人類的盟友”的印象。他們會說他們是來拯救人類的，只有他們能提供人類無法給自己提供的偉大希望，只有他們能在世界上建立真正的秩序和和諧。但這種秩序和和諧是他們的，不是你們的。他們承諾的自由不是給你們享受的。

# 對於宗教傳統和信仰的操控

為了理解探訪者在當今世界上的活動，我們必須呈現更多信息，關於他們對世界宗教機構和價值觀以及人們根本性的靈性衝動所施加的影響力，這種靈性衝動是你們本質裡共有的，從很多方面來說，也是大社區許多地方的智能生命所共有的。

首先我們必須說明，探訪者在世界上從事的活動，已經在大社區的許多地方針對許多文明開展過許多次。你們的探訪者並非這些活動的原創者，他們只不過根據自己的判斷在使用它們，並且他們過去已經使用過許多次。

重要的是你們要理解在大社區裡，影響和操控技能已經發展到了很高運作水平。當族群在科技上變得更靈巧更有能力時，他們會對彼此發揮更微妙更邪惡的影響力。人類只進化到了與彼此競爭的階段，因此你們尚不具備這種適應力。這一點本身，正是我們為你們呈現這一材料的原因之一。你們正在進入一系列全新的環境，這不僅要求你們培養內在能力，還要學習新的技能。

儘管人類代表一種獨特的境況，但是向大社區的邁進在其他族群已發生過無數次。因此，發生在你們身上的事以前也發生過。這套體系已得到高度發展，現在只是被調整成針對你們的生活和現狀，據我們的感覺這是比較容易的。

部分原因是，探訪者所實行的安撫計劃使這成為可能。對於和平相處的渴望，對於避免戰爭和衝突的渴望是良好的，然而這有可能，事實上也正在被用來對付你們。甚至你們最崇高的渴望也能被用於其他目的。在你們自己的歷史裡，在你們自己的本質裡，以及在你們自己的社會裡，你們看到過這個。和平只能建立在智慧、合作和真正能力的堅實基礎上。

人類自然關注在自己的部落和國家間建立和平關係。然而，現在它有一系列更巨大的問題和挑戰。我們把這看作是你們發展的機會，因為唯有邁進大社區的挑戰，才能讓世界實現統一，並為你們提供基礎使得這一統一做到真實、堅定和有效。

因此，我們在此並非批評你們的宗教組織或你們最根本的衝動和價值觀，而是要闡述它們如何被干預你們世界的那些外星族群利用來對付你們。我們希望盡我們的力量來鼓勵你們，正確利用你們的稟賦和你們的成就來維護你們的世界、你們的自由以及你們作為一個族群在大社區環境裡的正直。

探訪者在他們的行事方面是非常實用性的。這既是優點也是缺點。就我們的觀察，無論在這裡還是其他地方，我們發現他們很難去改變他們的計劃。他們對變化缺乏適應性，也無法非常有效地處理複雜情況。所以，他們以一種近乎草率的方式推行他們的計劃，因為他們感覺他們是正確的，他們是優越的。他們不相信人類會對他們發起抵制——至少不是對他們造成強烈影響的抵制。而且他們覺得他們的秘密和他們的計劃保守得很好，超出人類的理解。

在這方面，顯然在他們看來，我們給你們提供這一材料的活動，使我們成為他們的敵人。然而，在我們看來，我們只是在努力抵消他們的影響，提供你們所需要的理解和你們必須依賴的視野，以維護你們作為一個族群的自由和應對大社區實相。

由於他們行事的實用性質，他們希望以最大的效率達到他們的目標。他們希望統一人類，但這必須與他們自己在世界的參與和活動相協調。對他們來說，人類統一是一個實用性的關注。他們不重視文化多樣性；他們顯然在自己的文化裡不重視這個。因此，在他們施加影響力的任何地方，只要可能，他們都將試圖消滅它和最小化它。

在我們前面的論述裡，我們講述了探訪者對人類靈性新思潮的影響——針對你們當今世界關於人類神性和人類本質的新思想和新表達。現在，我們將著重講述你們的探訪者試圖影響並正在影響的傳統價值觀和機構。

為了倡導統一性和服從性，探訪者將依賴那些機構和那些價值觀，他們認為這些是最穩定的，並且對他們最有實用性。他們對你們的想法不感興趣，他們對你們的價值觀不感興趣，除非這些有助於推進他們的計劃。別自欺地認為他們會著迷於你們的靈性，因為他們本身缺少這些東西。這將是一個愚蠢甚或致命的錯誤。別以為他們迷戀你們的生活或迷戀你們感興趣的那些東西。因為只有在極個別的情況下，你們才可能以這種方式影響他們。所有天然的好奇心已經從他們身上剔除了，幾乎所剩無幾。事實上，他們身上幾乎沒有你們所謂的“精神”，或我們稱之為“Varne”或“洞見之路”的存在。他們既是受控的，也是進行控制的人，遵循著被明確確立和嚴格執行的思考和行為模式。他們可能看似在強調你們的想法，但這只是為了獲得你們的效忠。

在你們世界的傳統宗教機構裡，他們將尋求利用未來能帶來你們對他們的效忠的那些價值觀和那些基本信仰。讓我們舉一些例子，有些來自我們自己的觀察，有些來自隱形存在們長期以來給與我們的洞見。

你們世界的很多人遵循基督教。我們認為這很好，但這當然不是回答靈性身份和生命宗旨根本問題的唯一途徑。探訪者將利用這種忠誠於唯一領袖的基本思想，來實現人們對他們目標的效忠。在這個宗教的環境裡，耶穌基督的身份將被大量利用。關於耶穌再次回歸世界的希望和承諾，為你們的探訪者提供了絕佳機會，尤其是在這個世紀轉折點上。

根據我們的理解，真正的基督不會返回世界，因為他正和隱形存在們一起致力於服務人類還有其他族群。那個將以他的名義到來的人其實來自大社區。他將是由身處當今世界的集團專門為此目的孕育和培養起來的。他將顯現人的形象，並將具有比你們此刻能夠達成的高得多的能力。他將顯得完全利他。他將能夠施展一些或令人恐懼或令人敬畏的行為。他將能夠投射天使、惡魔或他的上司希望呈現給你們的任何形象。他將看似擁有靈性力量。然而他將來自大社區，他將是集團的一份子。他將造就人們對他的擁戴。最終，對於那些不追隨他的人，他將鼓動對他們的異化或消滅。

探訪者不在乎你們多少人會被消滅，只要他們得到大多數人的基本效忠。

因此探訪者將專注於帶給他們這種權威和影響力的那些基本思想。

因此，二次回歸正在被你們的探訪者們準備著。我們理解，證據已經存在於世界上。人們沒有意識到探訪者的存在或大社區實相的本質，因此他們自然將毫不質疑地接受他們原來的信仰，感到他們的救世主、他們的上師回歸的偉大時刻到來了。但是到來的那個人將不是來自天國主人，他將不代表內識或隱形存在們，他將不代表造物主或造物主的意志。我們看到這個計劃正在世界上形成。我們也曾看到類似的計劃在其他世界開展。

在其他的宗教傳統裡，統一性將被探訪者所鼓吹——你可以把這稱為一種基於過去的基本宗教形式，基於對權威的效忠以及基於對機構的服從。這服務於探訪者。他們對你們宗教傳統的意識形態和價值觀不感興趣，只關注它們的利用價值。人們越能以同樣方式去想，以同樣方式行事，並以可預期的方式回應，他們對集團就越有利用價值。這種服從性正在許多不同的傳統裡被倡導。其目的不是讓它們變得都一樣，而是讓它們內部簡單化。

在世界的某個地區盛行某個特定的宗教意識形態；在世界的另一個地區，另一種宗教意識形態盛行著。這對你們的探訪者是完全有利的，因為他們不在乎是否存在多種宗教，只要那裡存在秩序、服從和效忠。他們自己沒有你們能夠服從或認同的宗教，所以他們將利用你們的宗教來生成他們自己的價值。因為他們唯一的價值觀就是對他們的目的和集團的完全擁護，並尋求你們的完全擁護，從而按照他們指示的方式和他們參與。他們將向你們保證這將給世界帶來和平和救贖，還有這裡最珍視的任何宗教形象或人物的回歸。

這並不是說主體宗教受到了外星勢力的控制，因為我們理解，主體宗教在你們世界得到良好確立。我們所說的是，這種衝動和這種機制將得到探訪者的支持，並被他們為他們自身目的所利用。因此，所有自身傳統的真正信徒們必須非常謹慎地辨識這些影響，並且如有可能的話，去抵消它們。在此，探訪者們試圖說服的不是世界上的普通人；而是領袖。

探訪者們堅信如果他們不及時進行干預的話，人類將毀掉自己和世界。但這並非基於事實；這只是一種假設。儘管人類的確處於自我毀滅的危險中，但這不一定就是你們的天命。可集團們這樣認為，因此他們必須緊急行動起來，並著重強調他們的說服計劃。那些能被說服的人將被視為是有用的；那些不能被說服的人將被拋棄和異化。一旦探訪者強大到足以完全控制世界時，那些不服從者將被簡單地消滅。然而探訪者們將不會自己動手。這將由那些完全陷入他們說服的人來執行。

我們理解這是一個可怕的景象，但如果你們想要理解和接收我們在我們的訊息裡所表達的情況的話，就必須不帶任何困惑。這並非人類的毀滅，探訪者所尋求的是人類的整合。他們為了這個目的將與你們雜交。他們為了這個目的將試圖對你們的宗教衝動和機構進行重新定向。他們為了這個目的將在世界上秘密確立他們自己。他們為了這個目的將去影響政府和政府領袖。他們為了這個目的將去影響世界上的軍事力量。探訪者們有信心他們能夠取得成功，因為至今人類尚未發起足夠的抵制，以對抗他們的行為或阻止他們的計劃。

為了抵消這個，你們必須學習大社區內識之路。宇宙中的任何自由族群都必須學習內識之路，無論這在他們自己的文化裡如何定義。這是個體自由的源泉。這使個體和社會能夠擁有真正的正直和必要的智慧，去應對無論他們世界裡還是大社區裡對抗內識的影響力。因此有必要學習新的道路，因為你們正在邁進一個充滿新勢力和新影響的新境況。事實上，這不是什麼未來前景，而是即刻的挑戰。宇宙中的生命不會等著你們做好準備。無論你們準備與否，事件都將發生。探訪在未經與你們協商、未經你們許可下已經發生。你們的基本權利正在以遠遠超出你們意識到的程度受到侵犯。

正因為如此，我們被派來，不僅是為了提供我們的視野和我們的鼓勵，同時為了響起一個召喚，一個警示，以啓發一種覺知和一種承諾。我們前面說過，我們不能通過軍事干預來拯救你們族群。那不是我們的角色。即使我們試圖這樣做，並集合了力量開展這一行動，那麼你們的世界將被毀滅。我們只能提供建議。

你們未來將看到宗教信仰以暴力的方式進行表達，用於對付持不同意見的人，對付弱小的國家，並被當做攻擊和毀滅的武器。探訪者最希望看到的就是由你們的宗教機構來管理國家。對此你們必須抵制。探訪者最想看到的就是所有人共享宗教價值觀，因為這更利於增加他們的勞工力量，並讓他們的任務更輕鬆。在它所有的顯現裡，這一影響說到底就是默從和屈從——意志的屈從、宗旨的屈從、個人生命和能力的屈從。然而這將被讚頌為人類的一個偉大成就、社會的一個偉大進步、人類族群的一個新統一、和平安寧的一個新希望、人類靈性戰勝人類本能的一場勝利。

因此，我們帶著輔導而來，並鼓勵你不要做出不明智的決定，不要把你的生命交給你不理解的事物，不要為了得到任何承諾的回報而放棄你的辨識和你的審慎。我們必須鼓勵你不要背叛你內在的內識，你與生俱來的靈性智能，它現在抱持著你唯一且最偉大的前途。

聽到這些，你們可能會把宇宙看做一個缺乏恩典的地方。你們可能會變得悲觀和憂慮，認為貪婪無所不在。但這不是事實。你們現在需要的是變得強大，比現在、比曾經更加強大。在你們擁有這一力量之前，不要歡迎來自那些干預你們世界者的溝通。不要對來自世界外的探訪者敞開你們的思想和心靈，因為他們到此是為了自己的目的。不要以為他們將實現你們宗教的預言或最偉大理想，因為這是妄想。

大社區裡存在著偉大的靈性力量——一些個人甚至國家，已經達到了相當高的成就，遠超過人類迄今所示現的程度。但他們不會到來並控制其他的世界。他們不代表宇宙裡的政治和經濟力量。他們不從事超出他們基本需要以外的商務活動。除非緊急情況，否則他們很少旅行。

他們派出使者去幫助那些正在邁進大社區的族群，像我們這樣的使者。還存在著靈性使者——隱形存在們的力量，他們能夠對那些準備好接收並表現出正直內心和良好前途的人進行講話。這就是上帝在宇宙裡工作的方式。

你們正邁進一個艱難的新環境。你們的世界對外族來說極富價值。你們需要保護它，你們需要保護你們的資源，這樣你們就不需要或依靠和其他國家進行交易來獲取生活的基本必需品。如果你們不保護你們的資源，你們將不得不喪失很大程度的自由和自給自足。

你們的靈性必須是明智的。它必須基於真實的體驗，因為價值觀和信念、儀式和傳統會被且正在被你們的探訪者利用來達成他們自己的目的。

在此，你們可以開始看到你們的探訪者在某些方面很孱弱。讓我們對此進一步探討。從個體來講，他們缺乏主見，並難以應對複雜情況。他們不理解你們的靈性本質。他們更不理解內識的激發。你的內識越強大，你就變得越難以理解，你就越難被控制，你對他們及他們的整合計劃來說就越沒有利用價值。從個體來講，你的內識越強大，你就成為他們的更巨大挑戰。越多個體的內識變得強大，探訪者就越難孤立他們。

探訪者不具備強壯的身體。他們的力量是在思維環境和科技的使用上。他們的人數和你們相比是少量的。他們完全依賴你們的默從，而且他們對於'他們會成功'過於自信。根據他們目前的經驗，人類還沒有進行強大的抵制。然而你的內識越強大，你就越成為反抗干預和操控的一個力量，你就越成為維護你們族群自由和正直的一個力量。

儘管可能不會有很多人聽到我們的訊息，但是你的回應是重要的。或許人們傾向於否認我們的存在和我們的實相，並對抗我們的訊息，然而我們在遵循內識而發言。因此，只要你擁有自由去認知，我們的話就能被你的內心體認。

我們理解我們呈現的內容挑戰了許多信念和傳統。甚至我們在這裡的出現也看似不可理解，並將被很多人否認。然而我們的話語和我們的訊息能夠和你產生共鳴，因為我們帶著內識講話。真理的力量是宇宙裡最偉大的力量。它有力量帶來自由。它有力量帶來啓迪。它有力量給需要它的那些人提供實力和信心。

我們被告知，人類的良知得到高度珍視，儘管可能沒有得到一貫遵循。在我們談到內識之路時，我們所指的正是這一良知。它是你們所有真正靈性衝動的基礎。它已然包含在你們的宗教裡。它對你們來說並不陌生。但它必須得到珍視，否則我們和隱形存在們針對人類對大社區的準備所做的努力將無法成功。太少的人將會回應。真理將成為他們的負擔，因為他們將無法有效地分享它。

因此，我們在此不是要批評你們的宗教機構或傳統，只是要闡明它們如何能被利用來對付你們。我們在此並非取代它們或否認它們，而是要展示真正的正直如何必須在這些機構和傳統中得到貫徹，這樣它們才能以真實的方式服務於你們。

在大社區裡，靈性體現在我們所講的內識裡，內識是你內在精神的智能和精神的運動。它賦權你去認知而非只是相信。它讓你對說服和操控產生免疫，因為內識不會被任何世俗的力量或勢力操控。這為你們的宗教帶來生機，為你們的天命帶來希望。

我們堅信這些思想，因為它們是根本性的。然而它們不存在於集團裡，如果你遭遇集團，甚或只是他們的臨在，而你有力量維護自己的思想的話，你將能夠自己看到這個。

我們被告知，世界上許多人希望奉獻他們自己，把自己交付給生命中的一個更強大力量。這並非人類世界特有的，然而在大社區裡這種做法帶來的是奴役。我們理解在你們自己的世界裡，在探訪者以如此數量到來之前，這種做法也往往造成奴役。可是在大社區裡，你們更加孱弱，必須更智慧、更小心、更自給自足。在此，魯莽帶來沈重代價和巨大不幸。

如果你能回應內識並學習一條大社區內識之路，你將能夠自己看清這些。然後你將確認我們的話，而非只是相信或否認它們。

造物主讓這成為可能，因為造物主希望人類為這一未來做出準備。正因為如此，我們才會到來。正因為如此，我們進行觀察，並擁有現在的機會來報告我們的所見。

世界的宗教傳統在其基本教義裡是對你們有益的。我們有機會從隱形存在們那裡瞭解它們。但它們也代表著潛在的弱點。如果人類更警覺，並理解大社區生命的實相以及過早探訪的含義的話，你們的風險就不會像今天這樣嚴重。人們希望和期待這種探訪會帶來巨大獎賞並將是你們的一個成就。然而你們還未能瞭解大社區實相或是正在和你們世界互動的強大勢力。你們的缺乏理解和對探訪者過早的信任對你們沒有益處。

正因為這個原因，遍布大社區的智者保持著隱匿。他們不尋求大社區商務。他們不尋求成為協會或貿易合作體的一部分。他們不尋找與許多世界建立外交。他們的支持網絡本質上更神秘、更靈性。他們理解暴露於物質宇宙生命實相的風險和艱難。他們保持他們的隔絕，他們在邊界上保持警惕。他們只尋求以本質上更加非物質的方式拓展他們的智慧。

在你們自己的世界上，或許你們在那些最智慧、最有天賦的人身上能夠看到類似的體現，他們不會通過商務渠道尋求個人的好處，他們不屈從於征服和操控。你們自己的世界告訴你們如此之多。你們自己的歷史告訴你們如此之多，並示現了我們在此呈現的一切，儘管是在一個更小範圍內。

因此，我們的意圖不只是警示你們現實狀況的嚴重性，同時如果可能的話，向你們提供你們所需的對生命的一種更廣大感知和理解。我們相信將有足夠多人能夠聽到這些話，並對內識的偉大做出回應。我們希望有人能夠認識到，我們的訊息在此不是為了激起恐懼和驚慌，而是為了激發維護你們世界自由和正義的責任感和一種承諾。

如果人類在抵制干預中失敗了，我們能夠構想出這所意味的畫面。我們已在其他地方看到過，因為我們每個人都曾在自己的世界裡接近過這個邊緣。作為一個集團的一部分，地球的資源將被開採，人們將被關起來進行勞動，反抗者和異己者將被異化或消滅。世界將會因為其農業和礦物資源而得到維護。人類社會將繼續存在，但只是作為地球外權力的附屬。一旦世界的利用價值被耗盡，資源被採光，你們就會被拋棄；你們世界上的支持性生命將被帶走，你們的生存必需品將被偷走。這已在其他許多地方發生過。

具體到這個世界，集團可能會選擇保護世界，將其做為戰略驛站和生物儲備地長期使用。但是在這種壓制制度下，人類人口將遭受嚴重打擊。人類人口將會縮減。人類的管理權將被賦與那些經特殊哺育的按照新秩序行事的領袖。你們所認知的人類自由將不復存在，你們將在嚴厲而明確的外族制度統治下艱難度日。

大社區裡存在著很多集團。它們有大有小。有些在行為上更道德；多數則並非如此。它們在一定程度上，因為諸如世界管理權等機會而彼此競爭，這可能會造成一些危險的行動。我們必須闡明這點，這樣你們對我們所說的就不會存在任何疑惑。擺在你們眼前的選擇非常有限，但也非常根本性。

因此，要理解從你們探訪者的角度看，你們都是需要得到管理和控制的部落，以服務於探訪者的利益。為了這一目的，你們的宗教和某種程度的社會架構會被保留。但是你們將失去很多。很多東西將在你們尚未意識到被奪走之前就失去了。因此，我們只能倡導一種警覺，一種責任感，和一種學習承諾——學習有關大社區的生命，學習如何在一個更廣大環境裡保護你們自己的文明和你們自己的實相，並學習如何看清誰在這裡服務你們，並將他們和其他非此目的者區分開。這種更偉大辨識在你們世界裡是如此需要，哪怕只是為了解決你們自身的難題。而針對你們在大社區裡的生存和福祉，這更是絕對根本性的。

因此，我們鼓勵你們鼓起勇氣。我們有更多要和你們分享。

# 關口：人類的新希望

為了針對世界上的外星存在進行準備，有必要更多瞭解大社區裡的生命——未來將涵蓋你們世界的生命，你們將成為其組成部分的生命。

人類的天命始終是邁進一個智能生命大社區。這不可避免，並發生在所有存在智能生命播種和發展的世界裡。最終，你們會意識到你們生活在一個大社區裡。最終，你們會發現你們在你們自己的世界裡並不孤單，探訪正在發生，你們將必須學習應對遍布你們所處大社區裡的不同族群、勢力、信念和態度。

邁進大社區是你們的天命。你們的隔離現在結束了。雖然你們的世界過去已被探訪了很多次，但你們的隔離狀態到達了終點。現在你們有必要意識到你們不再孤單——在宇宙裡，甚至是在你們自己的世界裡。這一理解在正被呈現給當今世界的大社區靈性教程裡有更全面的闡述。我們在此的角色是講述大社區真實的生命樣貌，以便你們對正在邁進的更廣大生命場景獲得更深入的理解。這是必要的，因為這能夠讓你們以更大的客觀性、理解和智慧去接觸這一新實相。人類已經在相對隔離中生活了太久，你們自然會認為宇宙其他區域同樣是按照你們所珍視，並作為

你們行動和對世界感知的基礎的思想、原則和科學來運作。

大社區是廣袤的。它最遠的邊際從未被探索過。它比任何族群能夠理解的更廣大。在這宏偉的創造裡，智能生命以各種進化階段和不計其數的表達存在著。你們的世界存在於大社區一個相對熱鬧的區域。大社區有許多區域從未被探索過，另外一些區域有著隱匿存在的族群。從生命的顯化來說，大社區裡應有盡有。儘管據我們的描述，生命看似艱難和挑戰，但造物主在四面八方工作著，通過內識喚回分離者。

在大社區裡，沒有任何信仰、意識形態或管理形式能適用於所有族群和所有民眾。因此，當我們談及宗教時，我們所講的是內識的靈性，因為這是深藏於所有智能生命內在的內識力量和臨在——你們的內在、你們探訪者的內在以及你們未來將遇到的其他族群的內在。

這樣，宇宙性的靈性成為重要的關注點。它把你們世界流行的不同理解和想法融合到一起，並為你們自身的靈性實相提供了一個共享的基礎。然而學習內識不僅具有教育意義，它對在大社區裡的生存和發展是至關重要的。為了使你們能夠在大社區裡確立和維續你們的自由和獨立，你們世界裡必須有足夠多的人發展這一更偉大能力。內識是你們唯一不被操控或影響的部分。它是所有智慧理解和行動的源泉。在一個大社區環境裡，如果你們珍視自由並希望確立你們自己的天命，而不被整合進某個集團或另一個社會的話，那麼內識是必不可少的。

所以，在我們講述當今世界面臨的嚴重現狀的同時，我們也呈現給人類一個偉大禮物和一個偉大前途，因為造物主不會讓你們對大社區毫無準備，這是你們作為一個族群將面對的一個最重大關口。我們同樣被賦與過這個禮物。根據你們的曆法，我們已經保有這個禮物很多世紀了。我們既是基於自身的選擇，也是基於必要性，而必須學習它。

事實上，正是內識的臨在和力量，使我們能夠作為你們的盟友發言，並在這些簡報裡提供我們在呈現的信息。假使我們從未發現這個偉大啓示，我們就會隔離在我們自己的世界裡，無法理解將影響我們未來和天命的宇宙更強大勢力。因為呈現給你們當今世界的這一禮物，也曾被呈現給我們和其他同樣顯現了希望的很多族群。這個禮物對於像你們這樣擁有前途，然而在大社區裡又是如此孱弱的新興族群來說，尤其重要。

因此，儘管宇宙裡不存在唯一的宗教或意識形態，但對所有族群來說，存在著一個宇宙性的原則、理解和靈性實相。它如此的完滿，它能夠對與你們差別巨大的族群講話。它對以各種顯化形式存在的生命講話。而一直生活在自己世界裡的你們，現在有機會學習這一偉大實相，親身體驗它的力量和恩典。事實上，我們最終想要強調的正是這一禮物，因為它將維護你們的自由和你們的獨立自主，並將開啓通向宇宙中一個更偉大前途的大門。

不過，在起點處你們面臨著逆境和巨大挑戰。這要求你們學習一種更深刻內識和一個更偉大覺知。如果你能夠回應這一挑戰，那麼你不僅自己成為受益者，而且會給你們整個族群帶來益處。

大社區靈性教程正在被呈現在當今世界上。它過去從未被呈現在這裡。它被賦與一個個人，他擔當著這一傳統的媒介和發言人。它在這個關鍵時刻被發送到世界上，因為此刻人類必須瞭解它在大社區裡的生活以及正在影響當今世界的更強大勢力。

唯有一個來自世界外的教程和理解能夠為你們提供這個裨益和這個準備。

你們在開展這一偉大任務中並不孤單，因為宇宙中還有其他族群也在經歷這些，甚至和你們處於同樣的發展階段。你們只不過是此刻邁進大社區的眾多族群之一。每一個都擁有希望，然而每一個族群在面對這個大社區環境裡的困難、挑戰和影響力時都孱弱易感。確實，許多族群在自身還未獲得自由之前，就已經失去了他們的自由，成為集團或商業協會的一分子或更強大權力的附屬國。

我們不希望同樣情況發生在人類身上，因為這將是巨大的損失。正因為如此，我們來到這裡。正因為如此，造物主在當今世界上活躍著，為人類家庭帶來一個新理解。人類終止內部無休止衝突並為大社區生命進行準備的時刻到了。

在你們微小的太陽系範圍之外，你們生活在一個存在大量活動的區域裡。在這個區域裡，貿易經由特定的路線展開。世界間互動著，競爭著，有時彼此會發生衝突。所有懷有商業興趣的族群都在尋求著機會。他們不僅尋求資源，還尋求像你們這樣的世界的效忠。一些族群從屬於更大型集團。其他一些則以非常小的規模維持著自己的聯盟。能夠成功邁進大社區的世界必須在很大程度上維護他們的主權和自給自足。這讓他們避免暴露於那些只想剝削和操控他們的力量影響。

確實，為了你們未來的福祉，現在最重要的就是你們的自給自足、發展你們的理解並實現團結。這一未來並不遙遠，因為探訪者的影響力在你們世界上已經越來越大。許多人已經屈從於他們，成為他們的使者和媒介。還有許多人被簡單地用作他們基因計劃的資源。正如我們所說，這已經在很多地方發生過很多次。這對我們來說並不神秘，儘管你們一定覺得不可思議。

這一干預既是不幸，同時也代表著一個重大機遇。如果你們能夠做出回應，如果你們能夠進行準備，如果你們能夠學習大社區內識和智慧，那麼你們將能夠抵消正在干預你們世界的勢力，並在你們自己的民眾和部落中間構建更偉大團結的基礎。我們當然鼓勵這個，因為這強化著存在於四面八方的內識紐帶。

在大社區裡，大規模的戰爭非常罕見。這裡存在著限制性力量。其中之一是，戰爭影響商業和資源開發。因此，大國被禁止草率行動，因為這會影響或阻礙其他組織、其他國家和其他利益體的目標。內戰在世界裡會週期性發生，但社會間和世界間的大規模戰爭確實很少發生。正是部分因為這一原因，思維環境裡的技能被建立起來，因為國家間的確互相競爭，並試圖影響彼此。因為沒有人想破壞資源和機會，所以在大社區的許多社會裡，這些更強大技巧和能力被不同程度地成功培養起來。當這類影響存在時，對於內識的需要就更為巨大。

人類對此缺乏準備。然而因為你們豐富的靈性傳統，以及當今世界存在的個體自由程度，你們有希望發展這一更偉大理解，從而保障並維護你們的自由。

大社區還存在著其他對抗戰爭的限制因素。大部分商業社會隸屬於對其成員指定了法律和行為準則的大型協會。這有助於限制許多尋求使用武力攫取其他世界及其資源的行動。因為一旦大規模戰爭發生，很多族群就不得不參與進去，這種事情並不常見。我們理解人類非常好戰，並假想大社區裡的衝突以戰爭形式存在，但事實上你們會發現這不太被接受，而其他的說服方式被用來取代武力。

因此，你們的探訪者沒有帶著大型武器來到你們世界。他們沒有帶來大規模的軍隊，因為他們使用其他形式的技能——操控他們所遇到的人的思想、衝動和感受的技能。由於當今世界充斥著相當程度的迷信、衝突和不信任，因此人類對此類說服非常孱弱易感。

所以，為了理解你們的探訪者，理解你們未來將遇到的其他族群，你們必須建立更成熟的力量和影響力使用方式。這是你們大社區教育的重要組成部分。對此的部分準備將在大社區靈性教程裡被提供，但你們必須同時通過直接體驗進行學習。

我們理解，目前許多人對大社區抱有非常空幻的觀點。他們認為那些科技先進的族群同時也是靈性進步的，然而我們能向你們保證這並非事實。你們自身儘管比過去科技更加進步，但在靈性發展上並沒有很大進步。你們擁有了更多力量，但伴隨力量而來的是對更巨大克制的需要。

大社區裡存在著一些族群，他們在科技水平上，甚至在思維水平上，遠比你們具有更大威勢。在你們的進化路途上你們將要應對他們，但武力不是你們的重點。

因為星際戰爭是如此具有毀滅性，所有人都會損失。這樣的衝突能有什麼好處呢？它能帶來什麼利益呢？事實上，當這種衝突存在時，它只會發生在太空裡，很少發生在陸地環境裡。野蠻國家和那些破壞性的激進族群會遭到迅速反擊，尤其當他們存在於從事商務的人口居住區時。

因此，你們有必要理解宇宙中衝突的本質，因為這將帶給你們針對探訪者及其需求的洞見——他們為何以這種方式行事，個體自由為何在他們中間不被認知，以及他們為何依賴他們的集團。這給他們帶來穩定和力量，但同時也使他們在面對具備內識能力的人時孱弱易感。

內識使你能以多種方式思考，自發行動，超越表象感知實相，並體驗未來和過去。這些能力超出那些只會服從他們文化的支配和指令的人的所及。你們在科技上遠落後於探訪者，但你們有希望發展內識之路的技能，你們將需要這些技能並且必須學習更多地依賴這些技能。

如果我們不教你們大社區生命的話，我們就不是人類的盟友。我們已經見過許多。我們遭遇過很多不同事情。我們的世界曾經被佔領，我們必須重新爭取我們的自由。從錯誤和經驗中，我們知道你們當前所面臨的衝突和挑戰的本質。正因為如此，我們非常適於承擔服務你們的這一使命。但是，你們不會見到我們，我們不會會晤你們的國家領袖。那不是我們的宗旨。

事實上，你們需要盡可能少的干涉，但你們確實需要巨大的協助。你們必須發展新技能，必須獲得一種新理解。即便是一個善意社會，如果他們來到了你們的世界，仍會給你們造成很大的影響和作用，以致你們會開始依賴他們，無法確立你們自己的實力、你們自己的力量和你們自己的自給自足。你們會如此依賴他們的科技和理解，以致他們無法離開你們。事實上，他們的到來會使你們在未來面對干預時越顯弱小。因為你們會渴望他們的技術，你們會希望沿著大社區貿易路徑旅行。然而你們會沒有準備，你們會沒有智慧。

正因為如此，你們未來的朋友沒有到來。正因為如此，他們不會來幫助你們。否則你們將無法強大起來。你們會希望和他們建立聯繫，你們會希望和他們結盟，但你們是如此弱小以致無法保護自己。實質上，你們會成為他們文化的一部分，這不是他們的願望。

可能很多人無法理解我們的話，但假以時日，你們將發現這完全在理，你們將看到它的智慧和它的必要性。此時此刻，你們太弱小、太散亂、太衝突，而無法建立強大同盟，即使是和未來能夠成為你們朋友的族群。人類還無法以統一的聲音發言，所以你們容易受到外來的干預和操控。

當大社區實相在你們的世界裡被更多認知時，並且如果我們的訊息能觸及足夠多人，那麼針對人類面臨著一個更重大問題將存在更多的共識。這能夠創建合作和共識的一個新基礎。因為如果整個世界受到干預的威脅，那麼你們世界裡的一個國家又能比另一個國家擁有怎樣的優勢呢？在外星勢力正在干預的一個環境裡，誰還會尋求個人權力呢？如果自由在你們的世界裡是真實的，那麼它必須被共享。它必須被認識和認知。它不能成為少數人的特權，否則這裡就沒有真正的力量。

我們從隱形存在們得知，世界上已經有人正尋求對世界的統治，因為他們自認得到探訪者的祝福和支持。他們得到探訪者的承諾會幫助他們追求權力。然而，他們交出的不正是他們自己的自由以及他們世界的自由的鑰匙嗎？他們不知道也不智慧。他們看不到他們的錯誤。

我們同樣理解，一些人認為探訪者的到來代表了人類的靈性復興和新希望，然而他們怎麼可能知道呢，這些對大社區一無所知的人們？這只是他們的希望和渴望，這些願望被探訪者所利用，原因很明顯。

我們所要說的是，這個世界真正的自由、真正的力量和真正的團結最為重要。我們的信息對所有的人開放，我們堅信我們的話能夠被接收並得到認真思考。然而我們無法控制你們的回應。世界的迷信和恐懼可能使得許多人無法看到我們的訊息。但是希望依然存在。要想給你們更多，我們必須接管你們的世界，我們不想這樣做。因此，我們在不干涉你們事務的前提下，盡可能提供所有我們能提供的。然而有許多人想要干預。他們想被他人營救或拯救。他們不信任人類的潛能。他們不相信人類內在固有的實力和能力。他們將自願交出他們的自由。他們將相信探訪者告訴他們的話。他們將服務於他們的新主人，以為由此獲得的是他們自身的解放。

自由在大社區裡非常珍貴。永遠不要忘記這點。你們的自由，我們的自由。什麼是自由，不就是在所有顯化裡遵循內識——這一造物主賦與你們的實相，表達內識和貢獻內識的能力嗎？

你們的探訪者沒有這個自由。對自由他們一無所知。他們看到的是你們世界的混亂，他們相信他們建立的新秩序將是對你們的救贖，將把你們從自我毀滅中拯救出來。這是他們所能給的全部，因為這是他們所擁有的全部。他們將利用你們，但他們不認為這樣做是不正當的，因為他們自己也在被利用，並認為別無選擇。他們經過了非常徹底的編制和改造，以至於接觸他們更深刻靈性的可能性微乎其微。你們沒有能力做到這點。要想對你們的探訪者產生救贖的影響力，你們需要遠比目前強大得多。不過，他們的服從性在大社區裡並不少見。這在大型集團裡很常見，要想高效運作，尤其是在廣大的太空領域裡，一致性和服從性是必須的。

因此，不要帶著恐懼，而要帶著客觀性看向大社區。我們所描述的情況已然存在於你們的世界裡。你們能夠理解這些。操控被你們認知。影響力被你們認知。你們只是既沒有在如此大規模裡遭遇過它們，也從未必須與其他形式的智能生命競爭過。因此，你們還不具備相應的技能。

我們講述內識，因為這是你們最偉大的能力。無論你們未來能夠發展怎樣的科技，內識永遠是你們最大的希望。你們在科技發展上遠落後於探訪者，所以你們必須依靠內識。它是宇宙中最偉大的力量，你們的探訪者沒有使用它。這是你們唯一的希望。正因為如此，大社區靈性教程教授內識之路，提供內識進階，並教授大社區智慧和洞見。沒有這一準備，你們就無法獲得技能或視野，以理解你們的困境並做出有效回應。它太廣大。它太陌生。你們不適應這些新境況。

探訪者的影響力與日俱增。每個能夠聽到這個、感受這個並認知這個的人都必須學習內識之路，大社區內識之路。這是一個召喚。這是一個禮物。這是一個挑戰。

如果是在一個更愉悅的環境裡，哦，這種需要並未顯得如此巨大。可現在這種需要非常巨大，因為面對這裡的外星存在，沒有安全可講，沒有地方可藏，世上沒有任何安全的退隱地。正因為如此，只有兩種選擇：要不是屈從，就是起而維護你們的自由。

這是擺在每個人面前的重大決定。這是偉大的轉折點。你們不能在大社區裡愚昧行事。這個環境太嚴苛。它要求優秀和承諾。你們的世界太珍貴。這裡的資源被他人夢寐以求。你們世界的戰略位置被予以高度關注。就算你們生活在某個遠離任何貿易路線、遠離所有商務活動的偏遠世界上，你們最終也會被他人發現。現在這種情況正擺在你們面前。它正在進行中。

因此，要鼓起勇氣。這個時刻需要的是勇氣，而不是左右矛盾。你面前境況的嚴重性，正確認了你的生命和你的回應的重要性，以及被發送到當今世界的那個準備的重要性。它不只是為了你們的教育和進步。它同時也是為了你們的保護和你們的生存。

# 問題和解答*

至此，基於我們已經提供的信息，我們認為有必要對你們必然會提出的有關我們實相以及我們提供消息的重要性的相關問題給與回應。

◆

*“鑒於缺乏確鑿的證據，人們為什麼要相信你們所講的干預呢？”*

首先，關於對你們世界的探訪必然有大量的證據存在。我們被告知這是事實。然而，隱形存在們同時告訴我們，人們不知道該如何理解這些證據，所以他們給出他們自己的解釋——一種他們所偏好的解釋，一種能夠帶來最大安慰和保證的解釋。我們確信有足夠的證據證明干預正在當今世界上發生，只要人們花時間去看去調查。你們的政府或宗教領袖對此事不進行披露，並不意味著這一重大事件沒有在你們中間發生。

* 這些問題由‘盟友資料’的很多早期讀者發送給新內識圖書館。

◆

*“人們如何能知道你們是真實存在的？”*

關於我們的實相，我們無法向你們示現我們的物質存在，因此你們必須辨識我們話語的含義和重要性。這個時刻，不僅僅是相信與否的問題。它要求更偉大認知、內識、共鳴。我們相信我們所講的是真實的，但這不能保證你們也這樣相信。我們無法控制你們對我們訊息的回應。有些人堅持要求比可能給出的更多的證據。而對另外一些人來說，這種證據是不必要的，因為他們將感到一種內在的確認。

在這期間，或許我們會一直是個爭議，但我們希望並確信我們的話能被認真思考，並且大量存在的證據能被那些願意付出精力和專注的人們所蒐集和理解。從我們的觀點來看，再沒有比這更重大的問題、挑戰和機會值得你們去關注了。

因此，你們正在開始一種新的理解。這的確需要信仰和自我依賴。很多人只是簡單地否認我們的話，因為他們認為我們不可能存在。

其他一些人或許會認為我們是正施加在世界上的操控的組成部分。我們無法控制這些回應。我們只能揭示我們的訊息和我們在你們生命中的存在，儘管這一存在非常遙遠。我們的存在與否並非至關重要，重要的是我們在此所揭示的訊息和我們能提供給你們的更廣大視野和理解。你們的教育必須從某個地方起始。所有的教育都起始於對認知的渴望。

我們希望我們的論述至少能夠激起你們部分的信心，由此能夠開始揭示我們在此所提供的東西。

◆

*“你們會對那些認為干預是件好事的人說什麼？”*

首先，我們理解，人們期望所有來自天上的力量都和你們的靈性理解、傳統以及基本信仰有關。這種宇宙中存在著普通生命的說法，對這些基本假設來說是一種挑戰。根據我們的觀點，同時根據我們自身文化的體驗，我們理解這些期望。在遙遠的過去，我們也抱有同樣的期望。然而，當面對大社區生命實相和探訪意圖時，我們必須放棄這些期望。

你們生活在一個廣大的物質宇宙中。它充滿生命。這裡的生命展現著不可勝數的顯化，並在各種層級上展現著智能和靈性覺知的進化。這就意味著你們將在大社區遇見各種各樣的可能性。

然而，你們是隔離的，尚未在太空裡旅行。就算你們有能力抵達另一個世界，可宇宙是廣袤的，沒有任何人有能力以任何速度從銀河系的一端穿行到另一端。因此，物質宇宙始終是巨大和不可理解的。沒有人掌握它的規律。沒有人征服它的疆域。沒有人能夠宣稱完全的統治或控制。從這個角度來看，生命是謙卑的。即使在你們疆域以外的遠方，這也是事實。

因此，你們應該預料到，你們將要遇到的智能有正義力量，有無知力量，還有對你們更為中立的力量。然而，在大社區旅行和探索的實相裡，類似你們這樣的新興族群，在他們和大社區生命的首次接觸中，幾乎無一例外地將遭遇資源探索者、集團和尋求自己利益的族群。

至於對探訪的正面詮釋，部分原因是由於人類的期望，和人們對良好結局和對人類未能自己解決的問題尋求來自大社區幫助的自然渴望。期待這些是正常的，尤其當你們想到探訪者比你們的能力更強大時。然而，造成這種理解的主要原因，與探訪者的意願和計劃有關。因為他們鼓勵各地民眾把他們的存在看作對人類和人類需求是完全有益的。

◆

*“如果這一干預現在如此深入，為什麼你們不早點到來？”*

在早些時候，那是許多年前，你們盟友中的幾個組織來到你們世界訪問，目的是提供一個充滿希望的訊息，並讓人類做好準備。但是，唉，他們的訊息未能得到理解，並被少數接收訊息的人濫用了。隨著他們的到來，來自集團的探訪者開始湧來聚集在這裡。我們知道這會發生，因為你們的世界太寶貴，不可能被忽視，正如我們所說，你們的世界並非存在於宇宙中某個遙遠偏僻的地方。你們的世界已經被那些尋求為己所用的族群觀察了很長時間。

◆

*“為什麼我們的盟友不能阻止這一干預？”*

我們在此只是觀察和建議。人類面臨的重大決定掌握在你們的手裡。沒有人能替你們做這些決定。即使是位於遠方的你們的偉大朋友也不會干預，因為如果他們介入了，這將引發戰爭，你們的世界將變成敵對力量之間的戰場。如果你們的朋友勝利了，你們會變得完全依賴他們，無法在宇宙中維護自己和維持你們自身安全。我們知道沒有任何正義族群會試圖承擔這樣的負擔。事實上，這對你們也沒有益處。

因為你們會變成另一個力量的附屬國，必須接受遠程管理。這對你們沒有任何好處，正因為如此，這不會發生。然而探訪者們將把自己塑造成人類的救世主和營救者。他們將利用你們的幼稚。他們將利用你們的期望，他們將從你們的信任中尋求所有利益。

因此，我們真誠地希望我們的話能成為對治‘他們的存在以及他們的操控和濫用’的解藥。因為你們的權益正在被侵犯。你們的領土正在被滲透。你們的政府正在被說服。你們的宗教思想和衝動正在被重新導向。

針對這些，必須存在一個真理的聲音。我們唯一能信任的是你們能夠接收這一真理的聲音。我們唯一寄與希望的是說服還沒有過分深入。

◆

*“什麼是我們能確立的現實目標，什麼是拯救人類免於喪失獨立自主的底線？”*

第一步是覺知。必須有很多人覺知地球正在被探訪，外族力量正在以秘密方式在此運作，試圖把他們的計劃和行動隱藏在人類理解之外。必須非常明確，他們的存在是對人類自由和獨立自主的巨大挑戰。他們正在推進的計劃和他們正在倡導的安撫計劃，必須得到清醒和智慧地抵抗。這種抵禦必須發生。當今世界很多人能夠理解這些。因此，第一步是覺知。

第二步是教育。很多生活在不同文化和不同國家的民眾必須瞭解大社區生命，並開始理解你們將要甚至此時此刻正在應對什麼。

因此，現實目標就是覺知和教育。這本身就能阻止探訪者在世界上的計劃。他們目前在幾乎沒有任何阻力下運作著。他們很少遇到障礙。所有試圖把他們當作“人類的盟友”的人，必須認識到這不是事實。或許我們的話將不足夠，但這是個開始。

◆

*“我們在哪能找到這一教育？”*

這一教育可以在大社區內識之路裡找到，它此刻正在被呈現在世界上。儘管它代表著對宇宙生命和靈性的一種新理解，但它和所有存在於你們世界上的真正靈性路徑是相通的——這些靈性路徑珍視人類自由和真正靈性的意義，珍視人類家庭內部的合作、和平和和諧。因此，內識之路的教育召喚著存在於你們世界上的所有偉大真理，並賦與它們一個更廣大背景和表達場景。通過這種方式，大社區內識之路並非取代世界宗教，而是提供一個更廣大背景，使得這些宗教能夠對你們的時代產生真正的意義和相關性。

◆

*“我們該如何向其他人傳達你們的訊息呢？”*

此刻，真理活在每個人的心裡。如果你們能對一個人內在的真理講話，它將變得更強大，並開始產生共鳴。我們的偉大希望，隱形存在們——服務你們世界的靈性力量——的偉大希望，以及那些珍視人類自由並希望看到你們成功邁進大社區的族群的希望，都寄託在活在每個人內心的這一真理上。我們無法把這種覺知強加在你們身上。我們只能向你們揭示它，並相信造物主賦與你們的偉大內識能夠讓你們和其他人做出回應。

◆

*“在對抗干預的過程中人類的優勢在哪裡？”*

首先，通過對你們世界的觀察，並通過隱形存在們告訴我們的那些我們看不到的事情，我們理解，儘管世界存在著巨大問題，但這裡有足夠的人類自由，這為你們提供了對抗干預的基礎。這和其他很多世界形成鮮明對比，在那裡個體自由從未被建立起來。當這些世界面對他們中間的外星力量以及大社區生命實相時，他們建立自由和獨立的可能性非常有限。

因此，你們的巨大優勢在於，在你們世界裡，人類自由被認知，並被很多人珍視，儘管不是所有人。你們知道你們的某些東西會失去。你們珍視你們已然擁有的東西，無論它以何種程度得以確立。你們不想受到外來力量的統治。你們甚至不想受到人類權威的嚴厲統治。因此，這是一個開始。

其次，因為你們的世界擁有豐富的靈性傳統，它們促進了個體內在的內識，促進了人類的合作和理解，所以內識的實相已經得到建立。而在內識從未被確立起來的其他世界裡，在邁進大社區的轉折點上，要想將內識確立起來，成功的希望非常小。這裡有足夠多的人擁有足夠強大的內識，他們有可能學習大社區生命實相，並理解此時此刻正在這裡發生著什麼。正因為如此，我們懷抱希望，因為我們信任人類的智慧。我們信任人們能夠超越自私、自我執迷和自我保護，以一種更廣大的方式看待生命，並感受到服務他們同胞的一個更偉大責任。

或許我們的信仰沒有根據，但我們信任隱形存在們對此賦與我們的智慧輔導。因此，我們冒著生命危險來到你們世界的臨近，目睹你們疆域外正發生的事件，這對你們的未來和天命正產生著直接的影響。

人類擁有偉大前途。你們對世界存在的問題有了更多的覺知——國家間缺乏合作，自然環境的破壞，日益縮減的資源等等。假如這些問題不被你們的民眾認知，假如這些真相對你們的民眾保密，使得人們對這些問題的存在沒有認知的話，那麼我們的希望就沒這麼大。然而，事實是人類是有潛力和希望對抗任何對世界的干預的。

◆

*"這一干預是否會發展成軍事入侵？"*

正如我們所說，你們的世界太珍貴了，不可能引發軍事入侵。沒有任何探訪你們世界的族群希望破壞它的基礎設施或自然資源。因此，探訪者並不尋求毀掉人類，而是要使人類為他們的集團服務。

威脅你們的並非軍事入侵。而是勸誘和說服的力量。這將建立在你們自己的弱點、你們自己的自私、你們對大社區生命的無知以及你們對未來和你們疆域外生命意義的盲目樂觀的基礎之上。

為了抵禦這些，我們提供教育，我們講述當前被發送到世界的那個準備的意義。假如你們對人類自由沒有認知，假如你們尚未意識到你們世界呈現的問題的話，那麼我們就不會把這一準備交付給你們。我們也不會對'我們的話能與你們所知的真相形成共鳴'有信心。

◆

*“你們能夠像探訪者一樣，不過是從好的方面，強有力地影響人們嗎？”*

我們的意圖不是影響個體。我們的意圖僅僅是呈現問題以及你們正在邁進的實相。隱形存在們提供了準備的具體方法，因為那來自於所有生命的創造者。在這方面，隱形存在們從好的方面對個體產生影響。但存在著限制因素。正如我們所說，必須得到強化的是你們的獨立自主。必須得到增強的是你們的力量。必須得到支持的是你們人類家庭內部的合作。

我們所能提供的幫助是有限的。我們的團隊很小。我們沒有行走在你們中間。因此，針對你們新實相的偉大理解，必須在人與人之間分享。這無法由外來力量強加給你們，即便這是為了你們自己的利益。假如我們推行這樣一個說服計劃的話，那麼我們就不是在支持你們的自由和獨立自主。在此你們不能像孩子一樣。你們必須成熟起來並負起責任。是你們的自由處於危機。是你們的世界處於危機。是你們彼此的合作成為必需。

你們現在有重大理由團結你們的族群，因為失去一方，對任何人都沒有好處。如果任何一個國家陷入外星控制，那麼對任何國家都沒有好處。人類自由必須是完整的。合作必須在你們整個世界裡發生。因為現在每個人都面臨著同樣情況。探訪者並不偏好某個組織、某個種族、某個國家。他們只是尋求阻力最小的路徑來建立他們在你們世界的存在和統治。

◆

*“他們對人類的滲透有多廣泛？”*

探訪者在你們世界的大多數發達國家裡已有大量的存在，尤其是歐洲國家、俄羅斯、日本和美國。這些被認為是最強大的國家，擁有最大的權力和影響力。這些是探訪者關注的地方。然而，他們在從全世界範圍綁架人們，他們向所有抓來的人深入推行他們的安撫計劃，只要這些人能對他們的影響做出回應。因此，探訪者的存在是世界範圍的，但他們聚焦在那些他們希望成為他們同盟的地方。這包括掌握著最大權力並影響著人類思想和信念的國家、政府和宗教領袖。

◆

*“我們還有多少時間？”*

你們有多少時間？你們還有一些時間，至於有多長時間我們無法回答。但我們帶來一個緊迫訊息。這個問題不能被簡單地迴避或否認。從我們的觀點來看，這是人類面臨的最重大挑戰。它是最重大關注，是頭等緊要的問題。你們的準備已經落後。這由超出我們可控的很多因素造成。但如果你們能做出回應的話，還有時間。結局並不確定，然而你們仍有希望成功。

◆

*“面對大量正在發生的其他全球性問題，我們如何能專注於這一干預呢？”*

首先，我們覺得世界上沒有其他任何問題比這更重要。從我們的觀點來看，如果你們失去了自由的話，那其他任何你們能自行解決的事情在未來都沒有什麼意義。你們還能希望獲取什麼呢？如果你們在大社區裡沒有自由的話，你們還能期望實現或確保什麼呢？你們所有的成就都會被交給你們的新政府；你們所有的財富都會歸於他們。儘管你們的探訪者並不殘酷，但他們完全承諾於他們的計劃。你們的價值僅在於你們對他們的目的有利用價值。正因為如此，我們認為人類面臨的任何其他問題都不如這一問題重要。

◆

*“誰有可能對這種情況做出回應？”*

關於誰能做出回應，當今世界有很多人擁有關於大社區的內在內識並且對此事敏感。還有許多其他人已經被探訪者綁架，但還沒有屈服於他們或他們的說服。另外還有許多人關心世界的未來，並對人類面臨的危險非常警覺。屬於所有這三個類別，或者其中任一類別的人，可能會首先對大社區實相及針對大社區的準備做出回應。他們可能來自任何行業、任何國家、任何宗教背景或任何經濟階層。他們的確遍布全世界。保護和關注人類福祉的偉大靈性力量，正是依賴於他們和他們的回應。

◆

*“你們提到世界各地的人們正在被綁架。人們如何保護自己和他人不被綁架呢？”*

你的內識越強大，對探訪者的存在越覺知，你就越不太可能成為他們研究和操控的優先人選。你越能利用你與他們的接觸來獲得對他們的洞見，你就越對他們構成威脅。正如我們所說，他們尋求阻力最小的路徑。他們想要的是服從和屈服的人。他們想要的是很少給他們造成問題和擔心的人。

而當你的內識變得強大時，你將超越他們的掌控，因為現在他們無法捕獲你的思想或你的心靈。假以時日，你將擁有看進他們思想的感知力，這不是他們所希望的。於是你成為他們的威脅，他們的挑戰，他們將盡可能迴避你。

探訪者不想暴露。他們不希望發生衝突。他們太過自信他們能實現他們的目標，而不會受到人類家庭的重大反抗。可是一旦這種反抗得到建立，一旦內識的力量在個體內在覺醒，那麼探訪者就會面臨艱難倍增的阻礙。他們的干預就會受到阻撓並更難實現。他們對當權者的說服就更難成功。因此，關鍵是個體的回應和對真理的承諾。

要覺知探訪者的存在。不要屈服於他們所謂到此是為了靈性目的或是為了人類的福祉或救贖的說辭。抵制說服。重獲你自己的內在權威，它是造物主賦與你的偉大禮物。面對任何踐踏和否認你們基本權利者，要成長為不可小覷的力量。

這是靈性力量的表達。造物主的意志是人類應該團結一致、不受外族干預和統治地邁進大社區。造物主的意志是你們應該為一個不同於過去的未來做出準備。我們在此服務於造物主，因此我們的存在和我們的話語服務於這一宗旨。

◆

*“如果探訪者在人類或某些個體那裡遭到了抵制，他們會派來更多的人呢，還是會離開？”*

他們的人數不多。如果他們遇到了強大的抵制，他們就不得不撤退並制定新的計劃。他們完全自信，他們能夠不受重大阻礙地實現他們的使命。然而，如果出現了嚴重的阻礙，那麼他們的干預和說服就會受到挫折，他們就不得不尋找其他方式與人類進行接觸。

我們相信人類家庭能夠建立足夠的抵制和足夠的共識，去抵消他們的影響力。我們的希望和努力正是基於這個。

◆

*“針對外星干預這個問題，我們必須提問自己和他人的最重要問題是什麼？”*

或許要問自己的最重要問題是：“我們人類在宇宙裡或我們自己的世界裡是孤單的嗎？我們此刻正在被探訪嗎？這一探訪對我們有益嗎？我們需要做出準備嗎？”

這些是非常根本的問題，但必須得到質詢。然而許多問題無法得到解答，因為你們對大社區生命的認知有限，你們尚不自信你們有能力抵消這些影響。人類的教育裡缺失很多東西，它主要專注於過去。人類正在走出一個長期相對隔離狀態。它的教育、它的價值觀和它的機構都是在這種隔離狀態裡建立的。然而你們的隔離現在結束了，永遠結束了。這是注定要發生的。這是不可避免的。因此，你們的教育和你們的價值觀正在進入一個必須要適應的新背景。而且，由於當今世界發生的干預特性，這一適應必須快速發生。

將有許多問題你們無法解答。你們將必須帶著這些問題生活。你們有關大社區的教育才剛剛開始。你們必須以高度的冷靜和謹慎對待它。你們必須抵禦自身試圖製造舒適和安全境況的傾向。你們必須發展對生命的客觀性，你們必須超越個人利益範圍去看，從而讓自己能夠回應正在影響你們世界和你們未來的更強大勢力和事件。

◆

*“如果沒有足夠多的人做出回應怎麼辦？”*

我們堅信足夠多的人能夠回應，並開始他們關於大社區生命的偉大教育，從而為人類家庭帶來前途和希望。如果這沒能實現，那麼那些珍視自己自由並接受了這一教育的人們將不得不退隱。當世界陷入完全控制之時，他們將必須維持內識在世界上的存活。這是一種非常艱難的狀況，然而這曾經發生在其他世界裡。從這一處境回歸自由的旅程相當艱難。我們希望這不是你們的命運，正因為如此，我們來此給你們提供這一信息。正如我們所說，世界上有足夠多的人能夠做出回應，以抵禦探訪者的意圖，並挫敗他們對人類事務和人類價值觀的影響。

◆

*“你們談到其他世界也正邁進大社區。你們能談談成功和失敗的情況嗎？這可能會關係到我們的情況？”*

確實有成功的案例，否則我們就不會來這裡了。就我——我們小組的發言人——來說，我們的世界在我們意識到面臨的狀況之前已經受到大規模的滲透。我們的教育是由一個類似我們現在一樣的小組所倡導的，他們提供了關於我們境況的洞見和信息。外星資源交易商在我們的世界裡與我們的政府接觸。當時的當權者被說服，認為貿易和商務是有益於我們的，因為我們正在開始面臨資源耗竭。儘管與你們不同的是我們的族群是統一的，但是我們開始完全依賴於被提供給我們的新科技和機會。然而，當這發生時，權力中心發生了轉移。我們成為了附屬國。探訪者成為供給者。隨著時間的推移，條件和限制被強加於我們，儘管一開始這難以察覺。

我們的宗教關注和信仰也受到探訪者的影響，他們表現出對我們靈性價值觀的興趣，但他們希望提供給我們一個新的理解，一個建立在集團之上、建立在彼此以類似方式思考的合作性思維之上的理解。這被當作靈性和成就的一種表達被提供給我們族群。一些人被說服了，然而因為我們得到了來自我們世界外盟友的良好輔導，就像我們現在一樣的盟友，我們開始發起抵制行動，並隨著時間推移得以迫使探訪者離開我們的世界。

從那時起，我們學到了大量關於大社區的知識。我們維持的貿易非常有選擇性，只和少數幾個國家進行。我們能夠避開那些集團，從而維護了我們的自由。然而我們的成功是艱難實現的，因為許多人在衝突中死去。我們是一個成功的故事，但並非沒有代價。我們小組的其他人，在與大社區干預力量的互動中也經歷了類似的困難。然而因為我們最終學會了跨出我們疆域的旅行，所以我們獲得了彼此的聯盟。我們得以學習在大社區裡靈性意味著什麼。同樣服務於我們世界的隱形存在們，在這方面幫助我們，從而實現了從隔離向大社區覺知的偉大過渡。

然而我們意識到有很多失敗。在那些原住民尚未確立個體自由，或尚未品嘗合作果實的文化裡，即使他們擁有先進的科技，卻不具備在宇宙中建立自身獨立的基礎。他們抵制集團的能力非常有限。通過更巨大權力、更強大科技和更多財富的勸誘，通過大社區貿易可能利益的勸誘，他們的權力中心離開了他們的世界。最終，他們開始完全依賴於那些供給他們並控制他們的資源和他們的基礎設施的族群。

你們當然可以想像到這是如何實現的。根據你們的歷史，即使在你們自己的世界裡，你們也看到弱小的國家陷入強大國家的統治。今天你們依然能看到。因此，這些想法對你們並非完全陌生。大社區如同你們的世界一樣，只要可能的話，強者將統治弱者。這是遍布四面八方的生命實相。正因為如此，我們鼓勵你們的覺知和你們的準備，這樣你們就能變得強大，你們的獨立自主就能增強。

對許多人來說，理解和瞭解宇宙中自由的罕見可能是個重大失望。當國家變得更強大、更科技化時，它們要求自己的民眾實現越來越大的一致性和服從性。當它們邁向大社區並開始涉入大社區事務時，它們對個體表達的容忍度就會縮減，以致擁有財富和權力的大型國家以一種你們認為恐怖的嚴格而精準的方式實施管理。

在此你們必須瞭解，科技進步和靈性進步是不同的，人類尚未學會這一課，但是如果你們要在這些事務裡發揮你們天然的智慧的話，你們就必須學習這一課。

你們的世界被高度珍視。它擁有豐富的生物多樣性。你們坐擁一個寶藏，如果你們希望成為它的管理者和受益者的話，你們必須保護它。想想你們世界那些因為生活在被他人垂涎的土地上，而失去自由的民眾吧。現在整個人類家庭正陷入這種危機。

◆

*"由於探訪者如此有能力投射想法和影響人們的思維環境，我們如何確保我們所看到的是真實的？"*

智慧感知的唯一基礎是內識的培養。如果你只相信你看到的，那麼你將只相信被展現給你的東西。我們被告知，許多人抱持這種觀點。然而，我們認識到任何地方的智者必須具備更廣大的遠見和更強大的辨識。的確，你們的探訪者能夠投射你們聖人和宗教人物的形象。儘管這並不經常發生，但它當然會被用於那些已經認同這些信念的人身上，以激發他們的承諾和奉獻。在此，你們的靈性成了你們的弱點，這裡必須使用智慧。

不過造物主賦與了你內識作為真正辨識的基礎。如果你問自己這是否是真的，你就能夠認知你所看到的。然而，要做到這一點，你必須擁有這一基礎，正因為如此，內識之路的教程對於學習大社區靈性是如此根本。沒有它，人們將相信他們想要相信的，他們將依賴他們看到的和被展現給他們的。他們實現自由的潛能將已失去，因為它從一開始就沒被允許發展起來。

◆

*“你們談到了維持內識的存活。需要多少人才能維持內識在世界的存活？”*

我們無法給你們一個數字，但它必須足夠強大從而能在你們自己的文化裡形成一種聲音。如果這一訊息只被少數人接收，他們將不具備這一聲音或這一力量。在此他們必須分享他們的智慧。它不能單純被用於他們自己的啓迪。更多的人必須瞭解這一訊息，需要遠比今天多得多的人能接收到它。

◆

*“呈現這一訊息是否會有危險？”*

呈現真相總是有危險的，不僅是你們的世界裡，其他地方也同樣。人們從現有的境況裡獲得利益。探訪者們將提供利益給那些能夠接收他們並且不具備強大內識的當權者。人們開始習慣於這些利益，並將他們的生活建立其上。這使得他們抗拒甚至敵視真相的呈現，這一真相召喚他們服務他人的責任感，並可能對他們財富和成就的基礎構成威脅。

正因為如此，我們隱匿起來，不在你們世界出現。如果探訪者發現我們的話，他們當然會毀滅我們。但人類同樣可能尋求毀滅我們，因為我們所呈現的東西，因為我們所示現的挑戰和新實相。儘管這些非常必要，但不是每個人都準備好接收真理。

◆

*“具有強大內識的個體能夠影響探訪者嗎？”*

成功的機會非常有限。你們所應對的團體，是依照服從性被培養起來的，他們的整個生命和體驗都由一種集團性思維涵蓋和產生。他們不會自己思考。因此，我們不覺得你們能影響他們。人類家庭中確實有個別人有能力做到，但即使在此，成功的可能性也非常有限。因此答案必然是“不能”。從所有實際性目標來說，你們無法贏得他們。

◆

*“集團與統一的人類有何不同？”*

集團是由不同的族群和被培養來服務於這些族群的人組成。在這個世界上出現的很多個體，都是被集團培養來做奴僕的。他們的基因遺傳已經缺失很久。他們被培養來進行服務，正如你們飼養動物為你們服務一樣。我們所倡導的人類合作是為了保護個體的獨立自主，為人類提供一個強大的地位，使人類不僅能與這些集團互動，而且能與未來將到訪你們的其他族群互動。

一個集團是基於同一個信念，同一套準則和同一個權威。它強調對一種思想或信條的完全效忠。這不僅產生於探訪者所受的教育，同時也已注入他們的基因編碼。正因為如此，他們會以此種方式行事。這既是他們的優勢，也是他們的弱點。他們在思維環境裡擁有強大實力，因為他們的思想是統一的。但他們的弱點在於他們無法自己思考。他們無法非常成功地處理複雜問題或逆境。擁有內識的男女對他們來說不可理解。

人類為了維護它的自由必須團結起來，但這和集團的建立是完全不同的。我們稱它們為“集團”，是因為它們包括不同的族群和國家。集團不是一個族群。儘管大社區裡有很多族群處於集權統治之下，但集團則是超越一個族群對自身世界效忠的一種組織。

集團能夠擁有巨大的權力。然而因為存在許多集團，它們傾向於相互競爭，這阻止了任何一個集團成為主導。同時，大社區不同國家間存在著彼此之間長期難以解決的糾紛。或許它們長期對同一資源進行競爭。或許它們相互競爭以售賣他們擁有的資源。然而集團是一個不同的情況。正如我們所說，它並非基於一個族群和一個世界。它們是征服和統治的結果。正因為如此，你們的探訪者由處於不同權威和指令層級的不同族群構成。

◆

*“在成功實現統一的其他世界裡，他們保留了個體思想的自由嗎？”*

程度不同。有些達到很高程度，有些較低，這是基於他們的歷史、他們的心理構成和他們自身生存的需要。你們在這個世界裡的生活與其他族群相比是相對容易的。大部分智能生命存在的地方是被殖民的，因為很少有星球像你們這裡一樣提供如此豐富的生物資源。他們的自由，很大程度上有賴於他們環境的富庶度。但他們成功挫敗了外星滲透，並根據自己的獨立自主，建立了他們自己的貿易、商務和交流通道。這是很難得的成就，必須被掙得和被維護。

◆

*“要怎樣才能實現人類的團結？”*

人類在大社區裡非常孱弱。這種孱弱未來能夠促使人類家庭實現一種基本的合作，因為為了生存和進步你們必須聯合和團結起來。這是大社區覺知的一個組成部分。如果這是建立在人類貢獻、自由和自我表達的原則上，那麼你們的自給自足能力將變得非常強大和富足。但必須在世界上實現更偉大合作。人們不能只為自己活著，或把個人的目標置於其他所有人的需求之上和之外。一些人可能把這看做是自由的喪失。我們把它看做是對未來自由的保障。因為按照當今世界流行的生活態度，你們是很難確保或維護你們未來自由的。要當心。那些被自私自利所驅使的人是外族影響和操控的最佳人選。如果他們居於權力地位，他們將交出他們國家的財富、他們國家的自由和他們國家的資源來換取他們個人的利益。

因此，需要更偉大合作。你們肯定能看到這一點。顯然這甚至在你們自己的世界裡也是顯在的。但這與集團裡的生命是完全不同的，那裡的族群被統治和控制，服從者被納入集團，不服從者被異化或毀滅。顯然這一構建儘管具有強大的影響力，但對它的成員來說不可能有益。然而這是大社區裡許多族群所走的路徑。我們不希望看到人類落入這種組織裡。那將是一個巨大悲劇和損失。

◆

*“人類的視野與你們有何不同？”*

其中一個區別是我們已經發展了大社區視野，這是一種較少以自我為中心的看待世界的方式。這種視角帶來巨大的明晰，並能在你們處理日常事務的小問題時提供強大的確定性。如果你能解決大問題，你就能解決小問題。你們現在有個巨大的問題。世上的每個人都面對著這個巨大問題。它能夠團結你們，使你們克服長期存在的差異和衝突。它就是這樣巨大和有威力。正因為如此，我們說，正是在這一威脅你們的福祉和未來的境況裡，存在著救贖的可能。

我們知道個體內在內識的力量能夠重建那個個體和他所有的關係，從而實現更高程度的成就、認知和能力。你必須為你自己去發現它。

我們的生命非常不同。區別之一是我們的生命奉獻給服務，我們選擇的一種服務。我們有選擇的自由，因此我們的選擇是真實和有意義的，並基於我們自己的理解。我們的小組裡有來自幾個不同世界的代表。我們走到一起為人類服務。我們代表一個本質上更靈性的更偉大聯盟。

◆

*“這一訊息來自於一個個人。如果它是如此重要，為什麼你們不聯繫所有人呢？”*

這不過是個有效性問題。我們無法控制誰被選中來接收我們。這是隱形存在們的職責，你們可以恰當地稱他們為“天使”。我們以這種方式看待他們。他們選擇了這個人，一個在世界上沒有地位、不被世界認知的人，他被選中是因為他的品質並因為他在大社區裡的傳承。我們很欣慰能夠通過一個人來講話。如果我們通過更多的人講話，他們可能會彼此意見不一，這一訊息會變得困惑而遺失。

從我們自己的學生生涯裡，我們理解，靈性智慧的傳輸通常是經過一個人，並得到其他人的支持。這個個體必須承擔被選中所帶來的壓力、負擔和危險。我們對他表示敬意，我們理解這是怎樣的一個負擔。這可能遭到誤解，因此智者必須保持隱匿。我們必須保持隱匿，他必須保持隱匿。通過這樣，訊息能夠被提供，信使能夠得到保護。因為將會存在對這一訊息的敵視。探訪者將對抗它，而且他們已經在對抗它。他們的對抗會非常強大，但主要是針對信使本人。因此，信使必須得到保護。

我們知道針對這些問題的回答將帶來更多的問題。而且許多問題無法被解答，甚至在很長時間內都如此。任何地方的智者必須帶著他們尚且無法回答的問題生活。正是通過他們的耐心和他們的堅持不懈，真正的答案會呈現，並且他們能夠體驗它們和體現它們。

# 尾聲

人類正處在一個新開端。它面臨一個嚴重境況。對於一個新教育和理解的需求是巨大的。我們受到隱形存在們的要求來此服務於這一需求。他們依賴我們來分享我們的智慧，因為我們和你們一樣生活在物質宇宙裡。我們不是天使。我們不完美。我們尚未實現高度的靈性覺知和成就。因此我們相信，我們給你們帶來的關於大社區的訊息更具相關性，也更容易被接收。隱形存在們對於宇宙生命以及許多地方所達到和實踐的進步和成就水平遠比我們瞭解得多。然而他們要求我們來講述物質生命的實相，因為我們完全參與於此。並且我們通過自己的實驗和錯誤，瞭解了我們在此與你們分享的訊息的重要性和意義。

因此，我們作為人類的盟友而來，因為我們的確就是。你們應該感恩，你們還有能夠幫助你們、教育你們並支持你們的強大、你們的自由和你們的成就的盟友。因為如果沒有這一協助，你們在當今所經歷的外星滲透中倖存下來的希望是非常有限的。的確，有少數個體會開始意識到真實存在的情況，但他們的人數將不夠多，他們的聲音將不被聽到。

在此，我們只能要求你們的信任。我們希望通過我們話語的智慧，通過你們所擁有的瞭解它們的意義和相關性的機會，我們能夠久而久之獲得這一信任，因為你們在大社區裡擁有盟友。你們在這個世界之外擁有偉大的朋友，他們也曾遭受過你們正面臨的挑戰，並且取得了成功。由於我們過去得到過援助，我們現在必須幫助其他人。那是我們神聖的契約。對此我們堅定承諾。

# 解決方案

就其核心來說，
針對干預的解決方案，不在於
科技、政治或軍事力量。

它在於人類精神的復興。

它在於民眾開始覺知干預並公開反對它。

它在於終止阻礙人們表達他們所見所知的隔離和嘲諷。

它在於戰勝恐懼、逃避、空想和欺騙。

它在於民眾實現強大、覺知和賦權。

人類的盟友提供了重要輔導，使我們認識干預並抵禦它的影響。為了做到這點，盟友敦促我們發揮我們天賦的智能和權利，來成就我們在大社區裡成為一個自由族群的天命。

現在是開始的時候了。

## 世界上有一個新希望

世界上的希望被那些內識變得強大的人們重新點燃。希望能夠消褪，也能再次點燃。它可能看似來了又去，這取決於人們如何左右搖擺以及他們為自己選擇什麼。希望取決於你。單單因為隱形存在們在這裡，並不意味著存在希望，因為沒有你，就沒有希望。因為你和其他像你一樣的人們，在把一個新希望帶進世界，因為你們在學習接收內識的禮物。這給世界帶來一個新希望。或許你此刻無法充分看清這點。或許它看似超出你的理解。可是從一個更偉大視野來看，這非常真實且非常重要。

世界向大社區的邁進說明了這點，因為如果沒人為大社區進行準備的話，哦，那麼希望就會消褪。人類的天命將看來完全可以預料。然而因為世界擁有希望，因為希望存在於你和其他像你一樣對一個更偉大召喚做出回應的人們身上，所以人類的天命有著更偉大前途，人類的自由還很有可能得到維護。

◆

*摘自　內識進階——持續培訓*

# 抵制和賦權

◆

## 抵制和賦權

# 接觸的倫理

盟友鼓勵我們事事採取主動，辨識並反對正發生在我們當今世界上的外星干預。這包括辨識我們作為這個世界原住民的權利和優先權，就當前和未來與其他族群的接觸確立我們自己的參與規則。

觀察自然界和回顧人類的歷史，這為我們大量示範了干預的教訓：資源競爭是自然界不可分割的組成部分，一種文明對另一種文明的干預永遠是為了自身利益而開展，並對被發現民眾的文化和自由產生毀滅性的影響，並且只要可能的話，強者總是支配弱者。

儘管可能設想那些訪問我們世界的外星族群或許是這一規則的例外，但這種例外必須在懷疑的陰影之外，必須通過讓人類有權評估任何訪問的提議來得到證明。這顯然沒有發生。相反，在人類迄今的接觸體驗裡，我們作為這個世界原住民的權威和所有權被繞避了。“探訪者”在推進他們自己的計劃，而不考慮人類是否同意或知情參與。

正如盟友簡報和大量UFO/ET研究清晰表明，合乎倫理的接觸沒有發生。儘管一個外族自遠方與我們分享他們的經驗和智慧是恰當的，正如盟友所做的那樣，但族群未經邀請即到此並試圖干涉人類事務則是不恰當的，即使是在幫助我們的幌子之下。鑒於目前人類作為一個年輕族群的發展水平，這樣做是不道德的。

人類還沒有機會建立自己的參與規則或確立邊界，每一個本土族群為了自身的安全和保障都必須確立這些。這樣做將促進人類的團結和合作，因為為了實現這個，我們必須走到一起。這一行動將要求我們覺知：我們是共享同一個世界的同一個民眾，我們在宇宙裡並不孤單，我們和太空的疆界必須得到確立和維護。不幸地是，這一必要的發展過程現在正在被規避。

盟友簡報的發送，正是為了鼓勵人類為大社區生命實相進行準備。實際上，盟友致人類的訊息正示範了什麼是真正合乎倫理的接觸。他們保持一種不插手的途徑，尊重我們的天賦能力和權威，同時鼓勵人類家庭為穿越我們在大社區的未來所需要的自由和團結。儘管當今許多人懷疑人類擁有力量和正直來滿足其自身的需求和未來的挑戰，但盟友向我們確認，這種力量，內識的靈性力量，存在於我們所有人的內心，並且為了我們自己的利益，我們必須使用它。

人類邁進大社區所需的準備已經被提供。世界各地的讀者都可以得到四期人類的盟友簡報和大社區內識之路書籍。它們可以在 www.alliesofhumanity.org/zh-t 和 www.newmessage.org/zh-t 網站閱讀。它們合在一起，提供了抵制干預以及面對我們身處一個太空關口上的變化世界裡的未來的方法。這是當今世界上唯一的此類準備。盟友如此緊急呼籲的，正是這一準備。

作為對盟友簡報的回應，一群有奉獻精神的讀者起草了一份題為人類主權宣言的文件。以美國獨立宣言為藍本，人類主權宣言尋求建立我們作為世界原住民現在所迫切需要的接觸倫理和參與規則，以維護人類自由和主權。作為這個世界的本土居民，我們有權利、有責任決定訪問發生的時間和方式，以及誰可以進入我們的世界。我們必須向宇宙中覺知我們存在的所有國家和團體昭示：我們是獨立自主的，我們要在大社區裡行使我們作為一個新興自由族群的權利和責任。人類主權宣言是一個起點，它可以在

https://www.humansovereignty.org/declaration/traditional-chinese-declaration 網站上在線閱讀。

# 抵制和
# 賦權

## 採取行動——你能做什麼

盟友呼籲我們站在我們世界福祉的立場上，讓自己真正成為人類的盟友。但要真正做到這一點，這種承諾必須源自我們的良知，我們自身最深刻的部分。你可以做許多事情來抵消干預，並通過強化自己和周邊的人而成為一種正面的力量。

一些讀者讀過盟友材料之後表達了無望的感覺。如果這是你的體驗的話，重要的是要記住，干預的目的就是要影響你，使你在其面前要不是欣然接受並充滿希望，就是感到無望和無能為力。別讓自己受到這樣的說服。你通過採取行動來發現自己的力量。你究竟可以做些什麼呢？你有很多事情可以去做。

◆

### 教育自己。

準備必須從覺知和教育開始。你必須理解你正在應對什麼。讓自己去學習UFO/ET現象。讓自己去學習正在普及的行星科學和宇宙生物學的最新發現。

#### 建議閱讀

- 參看附錄中的"更多資源"。

◆

## 抵制安撫計劃的影響。

抵制安撫計劃。抵制使我們消沈和無力對自己內識做出回應的影響。通過覺知、通過宣傳、通過理解來抵制干預。提倡人類合作、團結和正直。

建議閱讀

- *大社區靈性*，第六章："大社區是什麼？" 和第十一章："你的準備是為了什麼？"
- *生活在內識之路上*， 第一章："生活在一個新興世界上"

◆

## 開始覺知思維環境。

思維環境是我們所有人生活其中的思想和影響力環境。它對我們的思考、情緒和行動的作用甚至超過物質環境的作用。思維環境現在正受到干預的直接侵襲和影響。它還受到政府和我們周遭的商業利益的影響。對思維環境變得覺知非常重要，以維護你自己的自由去自由並清晰地思考。你可以採取的第一步是有意識地選擇誰和什麼，在通過你從外界接收的輸入，影響著你的思考和決策。這包括媒體，書籍和有說服力的朋友、家人和權威人物。制定你自己的準則，學習帶著辨識和客觀，清晰地判定他人乃至文化大環境在告訴你什麼。我們每個人都必須學習有意識地辨識這些影響，以保護和提升我們生活其中的思維環境。

建議閱讀

- *來自大社區的智慧 第二部*， 第十二章："自我表達和思維環境" 和第十五章："回應大社區"

◆

## 學習大社區內識之路。

學習大社區內識之路，帶你直接接觸所有生命的創造者置於你內在的更深刻靈性思想。正是在超越我們智力的這一更深刻思想層面上，在內識的層面上，你不會受到任何世俗或大社區力量的干涉和操控。內識還為你抱持著你在這個時代來到世界的更偉大靈性宗旨。它是你靈性的核心。你可以通過在 www.newmessage.org/zh-t 網站在線學習內識進階來開始你的大社區內識之路的旅程。

**建議閱讀**

- *大社區靈性*，第四章："內識是什麼？"
- *生活在內識之路上*：所有章節
- 學習*內識進階*：*內在認知之書*

◆

## 建立一個盟友閱讀小組。

為了建立一個盟友材料能夠得到深入思考的積極環境，和他人一起組成一個盟友閱讀小組。我們發現，當人們在一個充滿支持的小組環境裡，和其他人一起放聲閱讀盟友簡報和大社區內識之路書籍，並能在過程中自由地分享問題和洞見時，他們對材料的理解會大大增加。你能通過這種方法，開始找到其他分享你的覺知並渴望認知干預真相的人。你可以僅僅和另外一個人開始。

**建議閱讀**

- *來自大社區的智慧 第二部*，第十章："大社區探訪"，第十五章："回應大社區"，第十七章："探訪者對人類的感知" 和第二十八章："大社區實相"
- *人類的盟友 第二部*： 所有章節

◆

## 維護和保護環境。

隨著每一天的流逝，我們越來越多地認識到維護、保護和重建我們自然環境的需要。即使干預不存在，這依然是優先考慮。然而，盟友的訊息為我們建立世界自然資源的可持續使用提供了新的動力和新的理解。開始覺知你如何生活，你消耗什麼，並尋找你能做什麼來支持環境。正如盟友所強調的，我們作為一個族群的自給自足，對於捍衛我們在智能生命大社區裡的自由和進步是必不可少的。

建議閱讀

- *來自大社區的智慧 第一部*， 第十四章："世界進化"
- *來自大社區的智慧 第二部*， 第二十五章："環境"

◆

## 傳播人類的盟友簡報的訊息。

你與他人分享盟友訊息是至關重要的，原因如下：

— 你幫助打破圍繞外星干預實相和陰霾的木然沈默。

— 你幫助打破阻礙人們就這一重大挑戰進行相互聯繫的隔離狀態。

— 你喚醒那些已陷入安撫計劃影響的人，給他們一個運用自己的思想去重新評估此現象的含義的機會。

— 你堅定自己和他人的決心，在應對我們時代的重大挑戰時，不做恐懼或逃避的俘虜。

— 你確認他人關於干預的洞見和內識。

— 你幫助確立抵制，它能挫敗干預並倡導賦權，從而能給人類帶來團結和力量，去建立我們自己的參與規則。

以下是你今天就可以採取的一些具體步驟：

- 與他人分享本書及其訊息。第一組簡報全部內容現在可以在盟友網站:www.alliesofhumanity.org/zh-t上免費閱讀和下載。
- 閱讀人類主權宣言並與他人分享這一寶貴文件。此文件可在網站 https://www.humansovereignty.org/declaration/traditional-chinese-declaration 上在線閱讀和列印。
- 鼓勵本地書店和圖書館引進這兩部人類的盟友和馬歇爾·維安·薩摩斯的其他著作。這會增加其他讀者接觸這些材料的機會。
- 在條件適合的情況下，在現有網上論壇和討論組裡分享盟友材料和觀點。
- 參加相關的會議和聚會，分享盟友的觀點。
- 翻譯人類的盟友簡報。如果你會多種語言，請考慮幫助翻譯簡報，從而讓全世界更多的讀者可以讀到它。
- 聯繫新內識圖書館，以免費獲取盟友宣傳品，此材料有助於你與他人分享這一訊息。

**建議閱讀**

- *生活在內識之路上*，第九章："和他人分享內識之路"
- *來自大社區的智慧 第二部*，第十九章："勇氣"

這當然不是一份完整的清單。它僅是一個開始。檢視自己的生活，看看存在什麼樣的機會，並對你自己關於這一事件的內識和洞見保持開放。除了上述行動外，人們已經找到了表達盟友訊息的創造性方式——通過藝術、通過音樂、通過詩詞。去找到你自己的方式。

# 來自馬歇爾·維安·薩摩斯的訊息

25年來，我一直沈浸在一種宗教體驗裡。這導致了我接收大量著作，關於人類靈性本質和人類在一個宇宙智能生命更廣大場景裡的天命。這些著作被包含在大社區內識之路的教程裡，涵蓋了一個闡釋大社區——我們認知為我們的宇宙的廣闊空間和時間——裡的生命和上帝的臨在的神學體系。

我所接收的宇宙論包含著很多訊息，其中之一便是人類正在邁進一個智能生命大社區，為此我們必須進行準備。這一訊息內含的理解是，人類在宇宙裡並不孤單，甚至在我們自己的世界裡也不孤單，在這個大社區裡，人類將擁有朋友、競爭者和對手。

這一更廣大實相，通過1997年第一組人類的盟友簡報突然且出乎意料的傳遞，出奇地得到了確認。三年前的1994年，在我的著作*大社區靈性：一個新啓示*中，我接收了可供理解盟友簡報的神學體系。那時，作為我靈性工作和著述的結果，我開始認知，人類在宇宙中擁有盟友，他們關心我們族群的福祉和未來的自由。

在不斷揭示給我的宇宙論中有著一個理解，即在宇宙智能生命的歷史裡，先進倫理的族群有義務將其智慧傳授給如我們這樣的年輕新興族群，而且這種傳授必須在不直接干涉或干預年輕族群事務的情況下發生。此中的意圖是告喻，而非干涉。這種“智慧的薪火相傳”代表了一個長期存在的倫理體系，針對與新興族群的接觸以及這應該如何開展。兩組人類的盟友簡報便是這種不干涉和合乎倫理道德的接觸模式的明確示例。這種模式應成為指路明燈和標準，我們應該期望其他族群在試圖與我們接觸或訪問我們世界時遵守這一標準。然而，這一合乎倫理道德的接觸範例與當今世界發生的干預形成了鮮明的對照。

我們正在走向一個極度孱弱易感的位置。隨著資源枯竭、環境退化的陰霾以及人類家庭進一步走向分裂的風險與日俱增，對我們進行干預的時機成熟了。我們看似隔離地生活在一個富饒和寶貴的世界上，它被我們疆域以外的其他族群所垂涎。我們是紛擾和分裂的，看不到正在干預我們疆界的巨大危險。有關隔離原住民第一次面對干預的命運，是歷史上一再重演的現象。我們對宇宙智能生命的力量和仁慈抱有不切實際的假設。直到現在，我們才剛剛開始估量我們在自己的世界裡為自己製造的局面。

這個不為人們歡迎的真相就是，人類家庭沒有為直接接觸體驗做好準備，當然也沒有為干預做好準備。我們首先必須把自己的家園處理妥當。我們還不具備族群成熟度來以團結、力量和辨識的姿態與大社區其他族群參與。除非我們達到這樣的位置，如果我們真的能夠的話，否則任何族群都不應企圖直接干預我們的世界。盟友為我們提供了大量所需的智慧和洞見，然而他們不干預。他們告訴我們，我們的命運是，也應該是，掌握在我們自己的手中。這就是宇宙中自由的負擔。

然而，干預無視我們的缺乏準備而正在發生著。人類現在必須為此，為人類歷史上後果最具嚴重性的關口進行準備。我們並非只是這一現象的不經意的見證人，而是正處在它的最核心。不論我們覺知與否，它都在發生。它有力量改變人類的結局。它攸關我們是誰和我們為何此刻身處世界。

大社區內識之路被賦與我們，以提供我們面臨這一重大關口所需要的教導和準備，以復興人類精神，並為人類家庭設定一個新進程。它講述人類團結和合作的緊迫需要；講述內識，即我們的靈性智能的重要性；講述我們現在站在太空關口所必須承擔的更偉大責任。它代表來自所有生命的創造者的一個新訊息。

我的使命是將這一更偉大宇宙論和準備帶進世界，並為掙扎中的人類帶來一個新的希望和前途。我的長期準備和大社區內識之路的宏大教程，在此就是為了這一宗旨。人類的盟友簡報只是這一更巨大訊息的一小部分。現在是結束我們無休止的衝突並為大社區生命進行準備的時候了。為此，我們需要對自身作為同一民族——源自合一靈性的這個世界的原住民——並對我們作為宇宙中一個年輕新興族群所處的孱弱地位擁有一個新的理解。這是我帶給人類的訊息，這是我來此的原因。

馬歇爾·維安·薩摩斯

2008

# 附錄

◆

# 術語定義

人類的盟友: 一個由來自大社區的物質存有個體組成的小組，他們隱藏在我們太陽系接近我們世界的地方。他們的使命是觀察、報告和輔導我們有關外星探訪者的活動和對當今世界的干預。他們代表著很多世界裡的智者。

探訪者: 其他幾個來自大社區的外星族群，未經我們許可「探訪」我們世界並積極干預人類事務。這些探訪者實施一個長期規劃，來將他們自身整合到人類生命的網絡和靈魂裡，其目的是控制這個世界的資源和民眾。

干預: 外星探訪者在這個世界的存在、目的和活動。

安撫計劃: 探訪者的說服和影響計劃，目的是消除人們對干預的覺知和辨識，從而導致人類的消極和服從。

大社區: 太空。人類正在邁進的廣大物質和精神宇宙，它包括不計其數的智能生命顯化。

隱形存在們: 造物主的天使，他們關照著整個大社區有情存有的靈性發展。盟友把他們稱為「隱形存在們」。

人類天命: 人類天命注定要邁進大社區。這是我們的進化。

集團: 由幾個外星族群組成的複雜階層構架，他們因為一個共同的效忠而維繫在一起。當今世界上，那些外星探訪者隸屬於不同的集團。這些集團有著彼此相互競爭的計劃。

思維環境: 思想和思維影響力的環境。

內識：活在每個人內在的靈性智能。我們所知的一切的本源。內在固有的理解。永恆的智慧。我們那個不可能被影響、被操控或被腐敗的永恆部分。存在於所有智能生命裡的一個潛能。內識是你內在的上帝，上帝是宇宙中的所有內識。

洞見之路: 內識之路裡的各種教程，它們在大社區很多世界裡被傳授著。

大社區內識之路: 來自造物主的一個靈性教程，它在大社區很多地方被修習著。它教授如何體驗和表達內識，如何在宇宙中維護個體自由。這一教程被發送到這裡，目的是讓人類為大社區生命實相進行準備。

# 人類的盟友
# 評論

人類的盟友給我的印象深刻...因為這個訊息敲響了真相。雷達接觸、地面效應、錄影帶和影片等，都證明了UFO的真實存在。現在我們必須思考的真正問題是：它們的操縱者的計劃。人類的盟友強有力地直指這一問題，這對人類的未來來說可能至關重要。”

——吉姆.馬爾斯
*外星人計劃和秘密管制*的作者

通過數十年對靈媒和飛碟學/外星生物學的研究，我對薩摩斯作為一個靈媒以及對本書中來自他所報導的源泉的訊息抱有非常正面的回應。我深深感觸於他作為一個人、一個精神和一個真正靈媒所表現的正直。在他們的訊息和行為裡，薩摩斯和他的源泉都明確示範了一種真正的服務他人的導向，而當今很多人，甚至是外星人都在示範著服務自我的導向。儘管語風嚴肅和警示，但是本書的訊息鼓舞我的精神對我們加入大社區時等待著我們族群的美好未來充滿希望。同時，我們必須發現和聯接我們與造物主的天賦關係，以確保我們在此過程中免遭來自大社區一些成員的不正當操控或掠奪。”

——喬恩.克里莫
靈媒：*針對從超常來源接收信息的調查*的作者

三十年對UFO/外星人綁架現象的研究，就像拼起一個巨型拼圖一樣。你的書，最終給我提供了一個拼合剩餘拼塊的框架。”

——埃里克.施瓦茲
加州註冊臨床社會工作者

宇宙中有免費午餐嗎？人類的盟友最強有力地提醒我們：沒有。”

——伊萊恩.道格拉斯
MUFON猶他州協同總監

盟友將在全世界西班牙語民眾中產生一個巨大的共鳴。我敢保證這點！有那麼多人，不僅是在我的國家裡，都在為維護他們文化的權利而奮鬥！你的書只是再次確認了他們這麼長時間以來以這麼多方式，一直在努力告訴我們的東西。”

——英格麗.卡佈雷拉，墨西哥

這本書在我內心引起深刻共鳴。對我來說，《人類的盟友》完全是開創性的。我尊重那些將本書帶進世界的力量，包括人的力量和其他力量，我祈禱它的緊迫警示能夠得到關注。”

——雷蒙.莊，新加坡

盟友的很多資料和我所瞭解的東西形成共鳴，或是讓我直覺地感到它是真實的。”

——蒂莫西.古德
英國ＵＦＯ研究者
*超高機密和神秘披露*的作者

# 進一步學習

人類的盟友著重針對當今世界外星存在的實相、本質和目的的根本性問題。然而，本書提出了更多必須通過進一步學習去探索的問題。由此，它擔當著更偉大覺知的一個催化劑和對行動的一個召喚。

為了瞭解更多，讀者可以，或獨自或一起，遵循兩個路徑。第一個路徑是研究UFO/ET現象本身，這在過去四十年裡被代表很多不同觀點的研究者們廣為記載。後面的頁面裡，我們列出了我們覺得與盟友材料尤其相關的關於這個主題的一些重要資源。我們鼓勵所有讀者針對這一現象獲得更多信息。

第二個路徑是針對願意探索這一現象的靈性含義以及你個人可以做什麼來進行準備的讀者。為此，我們推薦薩摩斯的著作，它們被列在接下來的頁面裡。

為了持續獲取關於人類的盟友新材料的信息，請訪問盟友網站：www.alliesofhumanity.org/zh-t。獲取關於大社區內識之路的更多信息，請訪問：www.newmessage.org/zh-t。

## 更多資源

以下是針對UFO/ET現象的一個初步資源清單。它絕非為了成為這個主題的詳盡文獻目錄，而只是作為一個起始位置。一旦你針對這一現象的實相的研究開始起始，將有越來越多的材料讓你去探索，既來自這些資源，也來自其他資源。始終建議保持辨識。

### 書目


Berliner, Don: *UFO Briefing Document*, Dell Publishing, 1995.

Bryan, C.D.B.: *Close Encounters of the Fourth Kind: Alien Abduction, UFOs and the Conference at MIT*, Penguin, 1996.

Dolan, Richard: *UFOs and the National Security State: Chronology of a Coverup, 1941–1973*, Hampton Roads Publishing, 2002.

Fowler, Raymond E.: *The Allagash Abductions: Undeniable Evidence of Alien Intervention*, 2nd Edition, Granite Publishing, LLC, 2005.

Good, Timothy: *Unearthly Disclosure*, Arrow Books, 2001.

Grinspoon, David: *Lonely Planets: The Natural Philosophy of Alien Life*, Harper Collins Publishers, 2003.

Hopkins, Budd: *Missing Time*, Ballantine Books, 1988.

Howe, Linda Moulton: *An Alien Harvest,* LMH Productions, 1989.

Jacobs, David: *The Threat: What the Aliens Really Want*, Simon & Schuster, 1998.

Mack, John E.: *Abduction: Human Encounters with Aliens*, Charles Scribner's Sons, 1994.

Marrs, Jim: *Alien Agenda: Investigating the Extraterrestrial Presence Among Us*, Harper Collins, 1997.

Sauder, Richard: *Underwater and Underground Bases*, Adventures Unlimited Press, 2001.

Turner, Karla: *Taken: Inside the Alien-Human Abduction Agenda*, Berkeley Books, 1992.

DVDs

*The Alien Agenda and the Ethics of Contact with Marshall Vian Summers*, MUFON Symposium, 2006. Available through New Knowledge Library.

*The ET Intervention and Control in the Mental Environment*, with Marshall Vian Summers, Conspiracy Con, 2007. Available through New Knowledge Library.

*Out of the Blue: The Definitive Investigation of the UFO Phenomenon,* Hanover House, 2007.

## 網站

*https://humansovereignty.org/declaration/traditional-chinese-declaration*

*www.alliesofhumanity.org/zh-t*

*www.newmessage.org/zh-t*

# 大社區
# 內識之路
# 書籍節選

“你不僅僅是身在這一單一世界上的人類的一員。你是眾多世界組成的大社區的一名公民。它是你通過自己的感官所認知的那個物質宇宙。它比你現在能理解的要廣大得多...你是一個更廣大物質宇宙的一名公民。這不僅確認了你的世系和傳承，它還確認了你身處這個時代的生命宗旨，因為人類世界正在向眾多世界組成的大社區生命邁進。對此你是認知的，儘管你的信仰還沒能對此做出解釋。”

——*內識進階:*
第187階： 我是眾多世界組成的
大社區的一名公民

“你在一個偉大的轉折點來到世界上，在你的有生之年你只能看到這個轉折時期的一部分。在這個轉折時期裡，你們的世界開始了和它周邊其他世界的接觸。這是人類的自然進化，它和所有世界所有智能生命的自然進化一樣。”

——*內識進階:*
第190階： 世界正在邁進
眾多世界組成的大社區，
這是我來此的原因

“你在這個世界以外擁有偉大的朋友。正因為如此，人類正在尋求邁進大社區，因為大社區代表著人類真正關係的更廣大範疇。你在這個世界以外擁有真正的朋友，因為你在世界上不是孤單的，你在眾多世界組成的大社區裡不是孤單的。你在這個世界以外擁有朋友，因為你的精神家庭在四面八方都擁有它的代表。你在這個世界以外擁有朋友，因為你不僅在為你們世界的進化而工作，同時也在為宇宙的進化而工作。這是最真實的，超越了你的想像，超越了你的概念性能力。”

——*內識進階:*
第211階： 我在這個世界以外
擁有偉大的朋友

“不要用希望回應。不要用恐懼回應。用內識回應。”

——*來自大社區*
*的智慧 第二部:*
第10章：大社區探訪

“這為什麼在發生？”科學不能回答。理智不能回答。一廂情願的想法不能回答。恐懼的自我保護不能回答。什麼可以回答？在此你必須用一種不同的思想去提問這個問題，用不同的眼睛去看，並擁有一種不同的體驗。”

——*來自大社區*
*的智慧 第二部:*
第10章：大社區探訪

“你們現在必須在大社區的範疇裡思考上帝——不是人類的上帝，不是你們所書寫的歷史裡的上帝，不是對你們進行審判、帶來苦難的上帝，而是屬於所有時間、所有種族、所有維度、屬於所有或原始或進化的族群、屬於所有和你們思想或類似或不同的族群、屬於所有或相信或對信仰無法理解的族群的上帝。這就是大社區裡的上帝。這是你們所必需的出發點。”

——*大社區靈性:*
第1章：上帝是什麼？

“你在世界上被需要。是時候進行準備了。是時候變得專注和堅決了。沒有從這裡的逃離，因為唯有在內識之路上實現發展的那些人將在未來擁有能力，將能夠在將越來越受到大社區影響的一個思維環境裡保持他們的自由。”

——*生活在內識之路上:*
第6章：靈性發展支柱

“這裡沒有英雄。這裡沒有要崇拜的人。有一個基礎要構建。有工作要完成。有一個準備要經歷。有一個世界要去服務。”

——*生活在內識之路上:*
第6章：靈性發展支柱

“大社區內識之路正被呈現給世界，它在這裡不被認知。它在這裡沒有歷史和背景。人們對它不習慣。它不一定契合他們的想法、信仰或期望。它不符合世界當前的宗教理解。它以一種赤裸的形式到來——沒有儀式和盛典，沒有財富和過量。它純粹和簡單地到來。它像世界上的一個孩子。它看似孱弱易感，然而它代表一個更偉大實相和人類的一個更偉大前途。”

——*大社區靈性:*
第22章：內識能在哪裡被找到？

“大社區裡有著比你更強大的人 。他們比你更精明，不過只有當你不去看時。他們能夠影響你的思想，可他們無法掌控它，如果你和內識同在的話。”

——*生活在內識之路上:*
第10章：在世界上保持臨在

“人類生活在一個非常巨大的房子裡。部分房子著火了。其他族群到訪這裡來判定如何能夠為了他們的利益把火撲滅。”

——*生活在內識之路上:*
第11章：為未來進行準備

“在一個晴朗的夜晚走出去向天上看。你的天命在那裡。你的艱難在那裡。你的機遇在那裡。你的救贖在那裡。”

——*大社區靈性：*
第15章：誰服務人類？

“你絕不要假設先進族群裡存在著一種更偉大邏輯，除非它的內識強大。事實上，他們可能和你們一樣堅決對抗內識。舊的習慣、儀式、結構和權威必須受到內識的證據的挑戰。正因為如此，即使是在大社區裡，內識男女也是一個強大力量。”

——*內識進階：*
高級

“你對未來的無懼必不源自於偽裝，而是源自於你對內識的確定。這樣一來，你將成為他人的和平避難所和財富源泉。這是你注定承擔的角色。正因為如此你才來到這個世界上。”

——*內識進階：*
第162階：今天我不害怕。

“這不是身處世界的一個輕鬆時代，可是如果貢獻是你的宗旨和意志，那麼這是身處世界的正確時代。”

——*大社區靈性：*
第11章：你的準備 是為了什麼？

“為了讓你能夠開展你的使命，你必須擁有偉大的盟友，因為上帝知道你無法獨自完成它。”

——*大社區靈性：*
第12章：你將遇見誰？

“造物主不會留下人類對大社區毫無準備。為此，大社區內識之路正在被呈現。它源自宇宙的偉大旨意。它通過宇宙天使們溝通，他們服務於四面八方內識的呈現，他們在四面八方培養能夠體現內識的關係。這一工作是世界上神聖的工作，並非帶你走向神聖，而是帶你來到世界，因為世界需要你。正因為如此你被派到這裡。正因為如此你選擇了來此。你選擇了來服務和支持世界向大社區的邁進，因為那是人類在這個時代的偉大需要，這個偉大需要將陰翳人類未來時代的所有需要。”

——*大社區靈性：*
簡介

# 關於作者

儘管他在當今世界鮮為人知，可是馬歇爾.維安.薩摩斯或將最終被認知為我們時代出現的最重要的靈性導師。二十多年裡，他一直在安靜地撰寫和教導一種靈性，這一靈性確認了一個不可否認的實相，即人類生活在一個廣袤並充滿聚居的宇宙裡，現在人類迫切需要為它邁進一個智能生命大社區進行準備。

薩摩斯教導內識教律，或內在認知。“我們的最深刻直覺，”他說，“只不過是內識偉大力量的一種外在表達。”他的著作*內識進階：內在認知之書*，2000年美國靈性類圖書獎得主，和*大社區靈性：一個新啓示*，共同構成了可以被認定為首個“接觸神學”的基礎。他的整個著作約有二十部之多，其中只有一部分通過新內識圖書館進行了出版，它們代表著現代歷史上出現的最原創、最先進的靈性教程之一。他還是大社區內識之路社團，一個宗教性非營利機構，的創建者。

通過*人類的盟友*，馬歇爾.維安.薩摩斯或許成為首位主要靈性導師，敲響了關於當今世界發生的干預的真正本質的一個明確警告，並召喚個體責任感、準備和集體性覺知。他把他的生命奉獻給接收大社區內識之路，一個來自造物主給人類的禮物。他承諾將這個來自上帝的新訊息帶進世界。網上閱讀新訊息，請訪問www.newmessage.org/zh-t。

# 關於社團

大社區內識之路社團在世界上擁有一個偉大使命。人類的盟友呈現了干預問題以及它預示的一切。為了回應這個嚴峻挑戰，在被稱為大社區內識之路的靈性教程裡，一個解決方案被提供了。這個教程提供了人類將需要的大社區視野和靈性準備，從而能夠維護我們的獨立自主權利並作為一個智能生命更廣大宇宙裡的一個新興世界成功採取我們的位置。

社團的使命是通過出版、互聯網站、教育項目以及冥想服務和靜修來呈現這個致人類的新訊息。社團的目標是發展內識男女，他們將是首批在當今世界開展大社區準備的先驅並開始抵制干預的影響。這些男女將在人類為自由的奮爭激化時，負責維持內識和智慧在世界上的存活。社團於1992年由馬歇爾.維安.薩摩斯創建，它是一個宗教性非營利機構。多年來，一組致力奉獻的學生匯聚到一起直接協助他。社團被這個奉獻學生核心支持和維護著，他們承諾將一個新靈性覺知和準備帶進世界。社團的使命需要更多人的支持和參與。鑒於世界境況的嚴峻，對於內識和準備的需要是迫切的。於是，社團召喚各地男女協助我們，在我們歷史上的這個關鍵轉折點，把這個新訊息的禮物給與世界。

作為一個宗教性非營利機構，社團完全通過志願活動、捐款和貢獻得到支持。然而，不斷增長的觸及並準備世界民眾的需求，正在超出社團成就其使命的能力。你可以通過你的貢獻成為這個偉大使命的一部分。和他人分享盟友訊息。幫助提升覺知，即我們是正在邁進一個智能生命更偉大場景的同一民眾和同一世界。成為內識之路的學生。如果你有能力成為這個偉大事業的一名捐助者，或是你認識某人可以成為，請聯繫社團。你的貢獻現在被需要，從而有可能將盟友的重要訊息傳播到全世界並幫助人類扭轉浪潮。

◆

"你站在接收
某種最偉大量級事物的關口上，
某種在世界上被需要的東西——
某種正在被傳遞
給世界並被翻譯

到世界上的東西。
你是首批將接收它的人。

良好地接收它。"

*大社區靈性*

大社區內識之路
社團

P.O. Box 1724 • Boulder, CO 80306-1724
(303) 938-8401 ，傳真(303) 938-1214
society@newmessage.org
www.alliesofhumanity.org/zh-t www.newmessage.org/zh-t

## 關於翻譯過程

信使，馬歇爾.維安.薩摩斯，自1983年開始接收一個來自上帝的新訊息。來自上帝的新訊息是曾被賦與人類的最博大啓示，現在被賦與一個有著全球通信和不斷增長的全球覺知的受教育世界。它並非只是被賦與一個部落、一個國家或一個宗教，而是觸及全世界。這需要盡可能多的語言翻譯。

啓示的過程，現在是人類歷史上首次被揭示。在這個非凡的過程裡，上帝的臨在超越文字對護佑世界的天使聖團溝通。然後聖團將這一溝通翻譯成人類語言，眾合為一地通過他們的信使講話，他的聲音成為這個更偉大聲音——啓示的聲音——的載體。文字以英文講述，以音頻形式直接被錄音，然後被抄錄，並以新訊息的文本和音頻錄音被呈現。通過這種方式，上帝原版訊息的純粹被維護，並能被賦與所有民眾。

然而還存在著一個翻譯過程。因為原版啓示以英文被發送，這是翻譯成眾多人類語言的所有翻譯的基礎。因為我們世界講很多種語言，為了將新訊息帶給各地民眾，翻譯是至關重要的。隨著時間推移，新訊息學生們自告奮勇地志願將訊息翻譯成他們本國的語言。

在歷史上的此時此刻，社團無法負擔翻譯成如此眾多語言、翻譯如此博大啓示的費用，這個訊息必須帶著至關緊迫性觸及世界。除此之外，社團認為，重要的是我們的翻譯必須是新訊息學生，從而能夠盡可能多地理解和體驗被翻譯內容的精髓。

考慮到在全世界分享新訊息的緊迫和需要，我們誠邀更多翻譯援助，將新訊息拓展到世界，將更多啓示帶進已啓動翻譯過程的語言以及引入新的語言翻譯。我們同時也在適時地尋求提高這些翻譯的質量。現在依然有很多需要完成的工作。

## 來自上帝的新訊息書籍

*上帝再次講話了*

*唯一的上帝*

*新信使*

*大社區*

*大社區靈性*

*內識進階*

*關係和更高宗旨*

*生活在內識之路上*

*宇宙中的生命*

*改變的巨浪*

*來自大社區的智慧：第一部、第二部*

*天國的秘密*

*人類的盟友第一、二、三、四部*

www.ingramcontent.com/pod-product-compliance
Lightning Source LLC
LaVergne TN
LVHW090957080826
845145LV00003B/1042

* 9 7 8 1 8 8 4 2 3 8 9 8 7 *